GAGGENAU

DAS KOCHBUCH
Der perfekte Gastgeber

TRETORRI

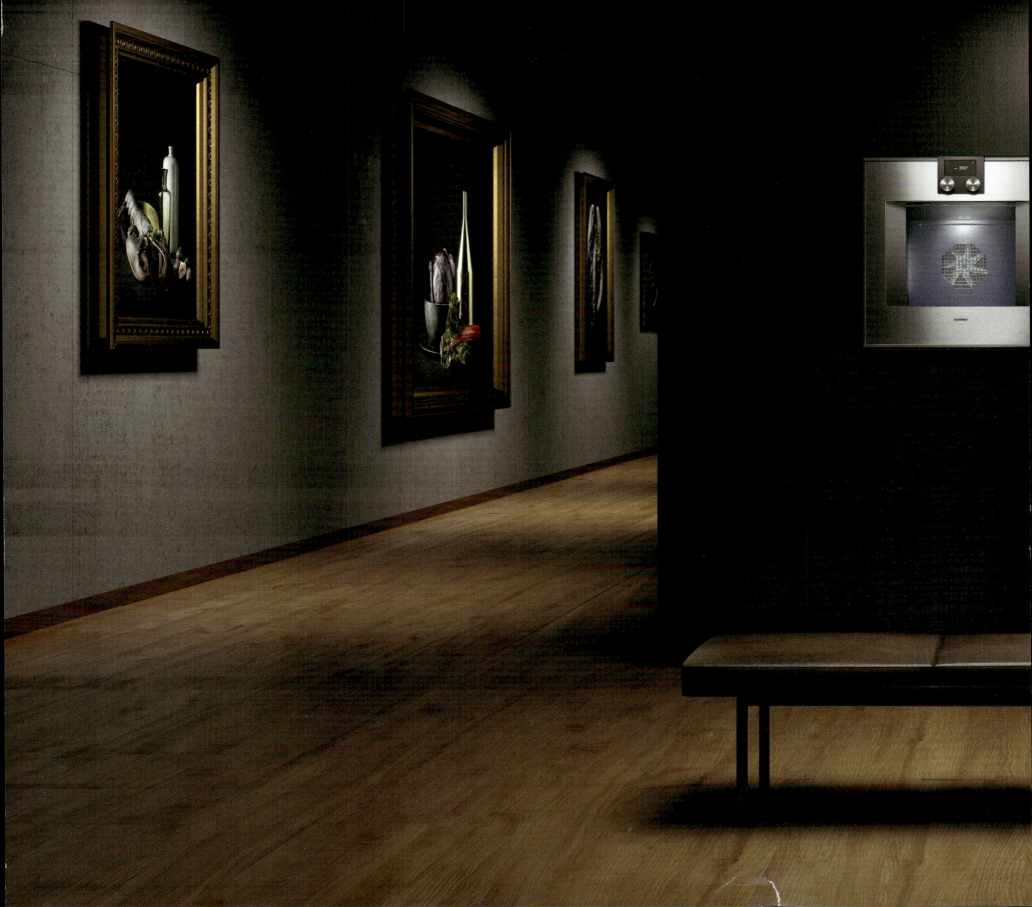

Inhalt

Der perfekte Gastgeber

Kochkunst und Esskultur – der Mensch ist, was er isst	7
Tafelkultur, aber richtig	11
Der Gastgeber von heute – nicht alles geht, aber vieles	15
Vom Apérogebäck bis zu den Pralinen: Vorbereitung ist eine Kunst	21
Welcher Kochtyp sind Sie?	27
Kleine Tellerkunde – von Feinem speisen	33
Keine Angst vor Feuer und großen Tieren	34
Für jeden Wein das eigene Glas?	37
Teuer ist nicht immer gut	45
Spitzenqualität braucht Zeit	49
Der passende Rahmen für guten Geschmack	51
Echte Helfer bei Tisch Von Fingerschälchen bis Platzteller	55
Wein & Speisen	63
Weine wollen vorbereitet sein. Alkoholfreie Getränke auch	67
Krawatte, Kostüm und kalte Füße. Wie kleidet man sich bei Tisch?	71
Mietkoch oder Catering?	75
Esskultur und kulinarische Erlebnisse	79

1 Vorspeisen

Quinoa-Salat	86
Couscous-Salat mit Cranberrys und Cashewkernen	86
Mediterraner Reissalat	87
Zweierlei Spargelsalat mit Pancettachips	89
Rote-Bete-Salat mit Himbeervinaigrette	90
Warmer Grünkohlsalat mit Wurzelgemüse, Feta und Granatapfel	93

2 Backen & Teig

Olivenbrötchen mit Feta und mediterranen Kräutern	98
Der kleine Italiener	98
Kartoffelbrot	99
Orientalische Buns mit Hackfleischfüllung	101
Maultaschen mit Zwiebelschmelze	102
Gyoza mit Hackfleischfüllung	105
Kräutercrêpe-Röllchen mit Wildlachs, grünem und weißem Spargel und Saiblingskaviar	106
Mini-Kalbsfilet „Wellington" mit Parmaschinken	109
Spargelquiche	110
Tomaten-Lauch-Tarte mit Greyerzer	113
Flammkuchen mit Kürbis, getrockneten Tomaten, Serranoschinken, Bergkäse und Rucola	114
Flammkuchen mit Ziegenkäse, Zwiebel und Birne	117
Flammkuchen mit Beeren	118
Flammkuchen mit Apfel und Zimt	118
Pizza mit Paprika, Chorizo, Heumilchkäse und Bärlauch	121
Pizza mit Spinat, Feta und Pinienkernen	121

3 Vegetarisch

Eier aus dem Dampf mit Grüner Sauce	126
Ei und Rahmspinat mit Trüffel im Glas	127
Brokkoli-Flan auf Tomatenragout	129
Ofenkartoffeln mit dreierlei Dips	130
Honig-Balsamico-Rosenkohl sous-vide	133
Gedämpfte Maiskolben mit Kräuterbutter	133
Bohnen-Cassoulet	134
Brokkoli mit Mandel-Knoblauch-Butter	134
Gefüllte Zucchini mit Ratatouille und Mozzarella	137
Gefüllte Tomaten mit Bulgur	137
Asiatisches Gemüse	138
Toskanische Gemüsepfanne	138
Fenchel-Paprika-Gemüse mit Safransud	141

4 Fisch

Seezungenröllchen mit Räucherlachsfüllung	146
Gefüllter Kräutersaibling	147
Lachs in Vanillebutter sous-vide	149
Lachs mit Mangold im Blätterteig	150
Kabeljaufilets in asiatischem Kokossud	153
Seeteufel-Medaillons sous-vide mit Salsa verde	153
Garnelen mit Chili, Knoblauch und Pak Choi	154
Oktopus sous-vide	157
Paella mit Meeresfrüchten	158

5 Beilagen

Spargelauflauf mit Schinken, Ei und Bröseln	164
Gefüllte Muschelnudeln mit Ricotta und Parmesan auf Tomatenkompott	165
Gemüse und Gnocchi vom Blech	167
Kürbis-Kartoffelgratin	167
Serviettenknödel	168
Kartoffel-Pilztaler	168
Brezenknödel	171
Spinat-Parmesan-Knödel mit brauner Butter	171
Quetschkartoffeln mit Avocado-Aioli	172
Kartoffelpüree	172
Reis-Pilaw	175
Ebly-Risotto mit buntem Gemüse	175

6 Fleisch

Gegrillte Ente vom Spieß	181
Putenröllchen mit Tomate, Basilikum und Pinienkernen	183
Aromatisches Buttermilch-Hähnchen	184
Mini-Burger mit gezupftem BBQ-Hähnchen sous-vide	187
Gegrillte Maishuhnbrust mit Haut	188
Weißwürste in Apfelwein	191
Schweinebauch mit asiatischen Gewürzen sous-vide	191
Königsberger Klopse	192
Kohlrouladen	195
Gefüllte Paprika	196
Hackbraten	196
Schweinebraten	199
Rinderroulade mit Trockenobst-Speckfüllung sous-vide	200
Rehsauerbraten mit glasierten Äpfeln sous-vide	203
Rindergulasch mit Waldpilzen	204
Ossobuco mit Gremolata	204
Kalbstafelspitz sous-vide	207
Roastbeef in Bergheu	208
Lammkeule	211

7 Dessert

Warme Schokoküchlein	216
Käsekuchen	216
Zwetschgenkuchen	217
Kokosmilchreis mit Tonkabohne und Früchten	219
Crème brûlée	219
Gegrillte Ananas mit Sauerrahmeis	220
Pannacotta-Tarte	223
Apfelrose im Blätterteig	224
Hefezopf	227
Zitronen-Biskuitrolle	227
Topfenknödel mit Aprikosen-Marzipan-Füllung	228
Haselnussbuchteln mit Vanillesauce	231
Germknödel	232
Karamellisierter Kaiserschmarrn mit Apfelkompott	235

8 Einmachen

Eingeweckte Weißwein-Zimtbirnen	240
Himbeer-Vanille-Marmelade mit Schuss	240
Apfelkompott mit Sternanis	241
Eingemachte Portweinfeigen	241
Naturjoghurt mit Vanille	243
Rinderfond/Hühnerbrühe	244
Balsamico-Rotweinzwiebeln	248
Eingelegte Senfgurken	248
Italienisches Gemüse im Glas	248
Eingelegte Kräuterseitlinge in Aromaöl	249
Eingelegter Kürbis süß-sauer	249

Gartabellen

Gemüse	252
Fisch	252
Fisch – Niedertemperatur Dämpfen	253
Beilagen	253
Fleisch/Geflügel – Niedertemperatur	253
Fleisch	254
Geflügel	254
Gären	254
Grillen	255
Desserts	255
Einkochen	255
Gebäck	256
Entsaften	256
Regenerieren	257
Auftauen	257
Joghurt	257
Sonstiges	257

Kochkunst und Esskultur – der Mensch ist, was er isst
Ein Plädoyer für Qualitätsbewusstsein

„Designer, die nicht kochen, sollte man erst gar nicht an Küchen heran lassen!", befand Otl Aicher, einer der bedeutendsten deutschen Gestalter und entschiedener Verfechter des Bauhaus-Grundsatzes: form follows function. Der diskussionsfreudige Aicher wäre deshalb vermutlich äußerst angetan von dem, was das Unternehmen Gaggenau lebt. Denn für den weltweit agierenden Hersteller exklusiver Hausgeräte ist selbstverständlich, dass alles, was von den Designern und Ingenieuren entworfen wird, in enger Zusammenarbeit mit Profis geschieht. Ebenso selbstverständlich ist, dass gleichzeitig die technische Funktion in einem ansprechenden Äußeren verpackt sein muss und das Design kein eindimensionaler Selbstzweck ist. Sei es nun beispielsweise der Austausch mit Sterneköchen wie im Fall der Entwicklung eines Dampfbackofens der neuesten Generation oder die Perfektion innovativer Ergänzungen auf Haute-Cuisine-Niveau wie die Vakuumierschublade. Die hohen Anforderungen an eine Gastronomieausstattung werden übertragen auf die Geräte, die für den privaten Bereich gedacht sind.

Im „Lernprozess" während der Kooperation mit den Köchen wird erarbeitet, was die Tätigkeit in Profiküchen angenehm macht und was sie behindert, was notwendig ist und auf was verzichtet werden kann. Entscheidend ist, dass die Geräte einfach zu bedienen und arbeitserleichternd sind; sie müssen hochfunktional, zuverlässig und robust sein, damit der Profikoch sich voll und ganz seiner Arbeit widmen kann. Mag in einer gastronomischen Umgebung das Design nicht das ausschlaggebende Kriterium sein und lediglich als angenehme „Begleiterscheinung" empfunden werden, im privaten Umfeld ist es dagegen von zentraler Bedeutung. Denn hier steht die Ästhetik gleichwertig neben der Funktion. Das Prinzip Profiküche ist also quasi das Fundament, auf dem Gaggenau Geräte entstehen. Technische „Küchenhelfer" müssen ebenso wie die Zutaten von höchster Qualität sein und zur Wertigkeit des fertigen Produkts beitragen. Mit diesen Voraussetzungen und je nach Ambition lassen sich so zu Hause Kreationen von konstanter Qualität schaffen, die sich durchaus mit der professionellen Küche messen können. Die Perfektion entsteht schlussendlich bei Gaggenau in Handarbeit, Experten prüfen akribisch jeden einzelnen Herstellungsschritt, denn für High-End-Geräte, wie das Unternehmen sie fertigt, bedarf es höchster handwerklicher Fachkunde. Es ist dieser anspruchsvolle Manufakturgedanke, der sich auch in diesem Buch widerspiegelt; die reduzierte Bildsprache greift dabei visuell den puristisch geprägten Gaggenau Leitgedanken unmittelbar auf und lenkt den Blick auf das, worauf es ankommt.

> Design ist Kunst in der zweiten Potenz. Man muss die Ästhetik mit Zweckerfüllung multiplizieren.
> Otl Aicher (1922–1991)

Aufs Wesentliche konzentriert

Wenn die Küche das Herz eines Zuhause ist, wie nicht nur Otl Aicher es forderte, dann sind die Hausgeräte von Gaggenau zweifellos die Seele und somit ein wesentlicher Beitrag zu Kochkunst und Esskultur. Im Zentrum einer jeden Wohnung, eines Apartments, eines Wohnhauses befindet sich in der Regel ein Backofen, ein Kochfeld und ein Kühlschrank. Vielleicht auch ein Dampfbackofen und etliches mehr, das dazu beiträgt, dass diese eine Wohnung, dieses Apartment oder dieses Haus zu deutlich mehr als zu einer Stätte wird, an der man – zufällig oder nicht – lebt, nämlich zu einem wirklichen Zuhause. Esskultur nimmt zwischenzeitlich glücklicherweise einen immer höheren Stellenwert im Leben ein. Kochen, essen und sich austauschen – oftmals findet all das zusammen in einem Raum statt. Gerade in hektischen Zeiten ergibt sich häufig eine Rückbesinnung auf Werte, die geradezu traditionell erscheinen mögen.

Gutes und gesundes Essen ist den meisten Menschen dabei besonders wichtig. Nicht zuletzt halten Essen und selbstverständlich Trinken sprichwörtlich Leib und Seele zusammen. Eine Binsenweisheit? Irgendwie schon. Aber gleichzeitig natürlich sehr wahr! Denn Nahrung aufzunehmen ist ein Grundbedürfnis und Kochen etwas, das entwicklungsgeschichtlich betrachtet schon immer Menschen zusammengebracht hat, das nicht zuletzt Familien und Freunde auch heutzutage zusammenbringt. Es ist für sich genommen die zentrale Grundlage menschlichen Zusammenlebens. Spricht man von Esskultur, werden bei den meisten Erinnerungen wach, wie die Familie sonntags während des gemeinsamen Essens beisammen saß, oder es werden Vorstellungen geweckt, wie man sich bei Tisch benimmt.

Bewusster Genuss im Fokus

„Slow Food" im Gegensatz zu als geradezu kulturlos empfundenem „Fast Food" liegt seit gut 20 Jahren im Trend, ebenso wie in jüngerer Zeit ein bewussterer Umgang mit wertvollen Ressourcen und Produkten. Warum Menschen das essen, was sie zu sich nehmen, und vor allem, wie das geschieht, ist ebenfalls alles Teil einer Esskultur. Gleichzeitig ist dies etwas, was von den Generationen weitergegeben wird. Kinder lernen in erster Linie im Rahmen einer Familienkultur den Umgang mit genussvollem und gleichzeitig verantwortungsbewusstem Essen. Wenn Kultur all das ausmacht, was Menschen erschaffen, dann umfasst Esskultur alles, was mit Essen verbunden ist, was von Menschen entwickelt und hergestellt wird. Das beinhaltet zugleich eine materielle wie immaterielle Ebene, schließt Nahrungsmittel und deren Produzenten ebenso ein wie Kenntnisse über Produkte und Vorlieben. Nicht zu vergessen: die passenden Küchengeräte wie insbesondere die vielseitigen Dampfbacköfen von Gaggenau inklusive entsprechender Rezepte. Die Kunst des Kochens – zumindest die Lust daran – ist ganz wesentlicher Bestandteil von Esskultur, geradezu die Voraussetzung. Ganz genauso wie ein schön gedeckter Tisch mit ansprechendem Geschirr, Besteck und passenden Gläsern. Dabei geht es beim Kochen im privaten Bereich nicht ausschließlich um ambitionierte Gerichte. Viel häufiger geht es um das tägliche „Was-essen-wir-heute?", darum, dass neben Berufstätigkeit und Hektik immer noch Raum bleibt für Genuss. Diesen Spagat zu meistern, ist nicht immer ganz einfach, mit den entsprechenden Geräten und den nachfolgenden Rezepten jedoch durchaus machbar.

> **Gaggenau verortet sich klar jenseits des Gewohnten und des Durchschnittlichen. Und inspiriert, die persönliche Kochkultur zu realisieren. Das ist der Unterschied.**

Essen schafft Gemeinsamkeiten

Menschen müssen essen, das ist lebensnotwendig. Wie sie dies allerdings tun, ist Ergebnis ihrer Entscheidungen und Teil der Lebensgestaltung. Was warum gewählt wird, ist in den verschiedenen Kulturen unterschiedlich. Aber überall sind kulturelle Muster wirksam. Der Philosoph und Anthropologe Ludwig Feuerbach (1804–1872) stellte fest: Der Mensch ist, was er isst. Verdeutlichen wollte er damit die Abhängigkeit des Menschen vom Essen. Was gegessen wird, stellt Identitäten her, über ihr Essen drücken sich Menschen aus und ordnen sich einander zu. Über gemeinsames Essen wurden und werden große und kleine Gemeinschaften geschaffen und gefestigt; es entstehen Gespräche und Erinnerungen. Das ist nicht nur hierzulande so. Die Mahlzeit, so sagt man generell, war der Beginn der Kultivierung des Essens, untrennbar verbunden mit Kommunikation, mit Tradition.

Tradition und Herkunft bedeutet, einerseits Werte zu bewahren, sich dabei aber stetig weiterzuentwickeln. Technologischer Fortschritt ist unabdingbar, um für die Anforderungen an die Zukunft bereit zu sein. Wichtig ist jedoch, sich immer noch auf das Wesentliche zu besinnen, den Blick auf die wahren Momente im Leben zu behalten, auf das Gemeinschaftliche sowie auf die Lebensgewohnheiten und Vorstellungen des Menschen. Gaggenau ist zu Recht stolz auf eine über 300 Jahre alte Tradition, die ihren Ursprung und ihre Wurzeln im Schwarzwald hat. Im chinesischen Guangzhou Flagship Showroom befindet sich eine Reminiszenz an das Jahr 1683, ein schmiedeeiserner Amboss. Das Ausstellungsstück ist eine Referenz an die bescheidenen Anfänge des Unternehmens aus dem gleichnamigen Ort Gaggenau im Murgtal, das über die Jahrhunderte seine globale Entwicklung genommen hat.

Funktionalität, Design, Ästhetik

Küchen sind Lebensräume, sie sind Orte der Begegnung, des Zusammentreffens, des Miteinanders. Orte, an denen der Mensch kreativ sein kann und unmittelbar erlebt, wie etwas unter seinen Händen entsteht. Um diese zu schaffen, muss der Mensch mit seinen Anforderungen und Lebensgewohnheiten im Zentrum aller Überlegungen stehen. Ist das, was heute unter dem Begriff Küche und Hausgerät verstanden wird, auch das, was sich der individuelle Mensch darunter vorstellt und wünscht? Funktionalität, Design und Ästhetik begreift Gaggenau als ein ganzheitlich durchdachtes System. Abgestimmt auf die jeweiligen Anforderungen sowie auf die Architektur des Raums entsteht etwas Einzigartiges mit dem Ziel, das Leben einfacher zu machen. Erlaubt ist dabei, was gefällt, Hauptsache, die Gaumenfreuden kommen nicht zu kurz!

Dieses Buch dient einem einzigen Zweck: dem vollkommenen Genuss. Es eröffnet die Möglichkeiten dazu mit einem umfassenden Blick auf das, was Genuss erst erlebbar macht. Das beinhaltet natürlich auch das Thema Tischkultur mit allem, was dazu gehört, um ein perfekter Gastgeber zu sein. Es greift Kultur in vielen Facetten auf und bietet dazu insgesamt 100 Kochideen für die Gerichte, die sich im Dampfbackofen ideal zubereiten lassen. Praxisnahe Tipps und Tricks für Küche und Esstisch sowie Grundkenntnisse zu Wein, die alle zusammen „geschmackvolle Abende" mit Gästen versprechen, machen dieses Buch zu mehr als einer umfangreichen Rezeptsammlung. Kurzum, diese Lektüre will eine Inspiration sein für alle, die das sinnliche Erlebnis zu schätzen wissen.

Ralf Frenzel, Tre Torri Verlag

Die Klassik

Tafelkultur, aber richtig
Was es mit dem Service nach russischer Art und den Sharing Dishes auf sich hat

Schon merkwürdig, dass sich das gepflegte Liegen bei Tisch nie mehr wirklich durchsetzen konnte, seit das Römische Reich unterging. Zuvor galt die mehr oder weniger waagerechte Form der Nahrungsaufnahme als Selbstverständlichkeit. Adel und Bürgertum ließen sich, inspiriert von den Griechen, die Speisen im Liegen reichen, auf dem vermutlich durchaus bequemen lectus triclinaris, dem römischen Speisecanapé, den Arm aufgestützt, das Essen portionsweise und meist mit den Fingern zu sich nehmend. Bequeme Kleidung war angesagt, nur Frauen mussten aus sittlichen Gründen im Sitzen essen. Dass es in niederen Schichten anders zuging, was die Speisenkultur anging, muss kaum extra betont werden. Liegen bei Tisch galt auch als Zeichen der Arriviertheit, das sich freilich nur in Einzelfällen ins Mittelalter oder gar in die Neuzeit hinüberretten konnte. Heutzutage erinnern nur noch hin und wieder Fragmente der antiken Formen daran, dass die römische Esskultur durchaus Vorteile hatte. Wer sein Essen auf dem Sofa verspeist, vor dem Fernseher oder am Computer, nimmt häufig sehr wohl eine zumindest teilweise liegende Stellung ein. Beim Frühstück im Bett ist die Sache noch eindeutiger – aber in diesem Falle ist fast jedem bewusst, dass er Grenzen überschreitet. Spätestens das Abendessen im Schlafzimmer gilt als Unanständigkeit, von der nur ausnahmsweise – etwa bei Krankheit – abgewichen werden darf. Dass es sich nicht wirklich gehört, den als Kind anerzogenen Sitzregeln zuwiderzuhandeln, weiß ja jeder zumindest im Unterbewusstsein. Die vermeintliche römische Dekadenz ist als abschreckendes Beispiel stets mit im Spiel!

Doch Teile der damaligen Speisesitten sind mitnichten ausgestorben. Die Einteilung der Speisen in die noch heute weithin verbreiteten drei Gänge – Vorspeise, Hauptgang, Dessert – war bereits in der Antike vielfach üblich. Vorweg kalte Kleinigkeiten, wie sie in ähnlicher Form auch heute noch serviert werden könnten, dann warme Gerichte, schließlich Süßspeisen. Verblüffend häufig kann man die in der römischen Oberschicht gebräuchliche Dramaturgie des Essens in den westlichen Speisesitten wiederfinden. Und erstaunlicherweise ist es immer noch das Dessert, das zum Schluss serviert wird – als wäre diese Regel in Stein gemeißelt. Es spricht übrigens wenig dagegen, die eingeübten Regeln mal zu durchbrechen, die Sache umzudrehen und einen Abend lang nur Desserts zu reichen, gar mit Süßem zu starten und dann zu Salzigem überzuleiten, erst Warmes, dann Kaltes zu präsentieren. Allerdings glaubt man gar nicht, wie sehr die traditionelle europäische Speisenfolge den Menschen in Fleisch und Blut übergegangen ist. Ganz anders ist dies übrigens im asiatischen Raum, wo man durchaus andere Kulturen des Essens entwickelt hat und sich weder von Römern noch von Griechen beeinflussen ließ. Man denke an die japanische Esskultur, die Sushi oft erst in der Mitte eines traditionellen Menüs einplant, vielleicht mit einer Suppe abschließt, oft ganz auf Süßes verzichtet.

Die Tafel als Schaustück

Das Prinzip war also klar, zumindest in Europa. Allerdings änderte sich die Anzahl der servierten Speisen im Laufe der Jahrhunderte. An den Höfen des Kontinents entwickelten sich Zeremonien, die in großen, üppig bestückten Tafeln gipfelten. Wenige Gänge waren es, die serviert wurden, aber pro Gang deckten die Bediensteten eine reiche Fülle an Speisen ein. Immer prächtiger wurden die Braten und Fische, die beispielsweise nach den Kochanweisungen von François-Pierre de La Varenne und Vincent La Chapelle ausgeführt wurden. Die im Frankreich des 16., 17. und 18. Jahrhunderts entwickelte Haute Cuisine nahm Einfluss auf den gesamten Kontinent, sickerte zumindest in Zitaten bis ins Bürgertum durch. Die Sitte des Darreichens wurde irgendwann als Service à la française berühmt: In den zwei, drei oder vier Gängen, die im Laufe eines festlichen Essen zelebriert wurden, waren also zahlreiche Gerichte unterschiedlicher Art enthalten. Sie wurden auf die Tafel gestellt, teilweise von Kellnern angereicht, teilweise zum Selbstnehmen vorgesehen. Ein Paradies für Gourmets, denn je nach Bedeutung des Hofes und des Anlasses waren manchmal Dutzende von kunstvoll angerichteten Speisen vorhanden – bis hin zu gewaltigen, nicht oder nur teilweise zum Essen vorgesehenen Schaustücken. Ein Paradies war es allerdings nur auf den ersten Blick, denn von allem zu probieren, war weder möglich noch vorgesehen. Im heutigen kalt-warmen Buffet lebt diese Art des Essens bis heute weiter – auch dort ist es nicht unbedingt das Ziel, von allem etwas aufzugabeln. Anders als heute, in einer Zeit der Rechauds, war der französische Service in früheren Jahrhunderten von langer Vorbereitung geprägt. Dass alle Speisen warm serviert wurden, ist unwahrscheinlich; mit der heute in Restaurants üblichen Zubereitung à la minute dürften die Hofköche von früher auch nicht viel zu tun gehabt haben. Allein die Wege zwischen den oft im Keller angesiedelten Palastküchen und teilweise weit entfernt gelegenen Speiseräumen, machen verständlich, dass die Temperatur der Gerichte eher bei lauwarm anzusiedeln gewesen sein dürfte. Es war damals übrigens selbstverständlich, dass Speisen übrig blieben und dann oft am folgenden Tag in kalter Form einer Zweitverwendung zugeführt wurden. Was es gab, en détail, ist dagegen vielfach rätselhaft geblieben. Ausführliche Menükarten, auf denen die einzelnen Gerichte beschrieben wurden, waren rar – ganz anders, als nach der kulinarischen Revolution, die bald nach der Französischen von 1789 begann.

Russische Sitten für die Pariser

Die immer prächtigeren Tafeln, das gegenseitige Übertrumpfen mit immer mehr Gerichten besaßen durchaus Nachteile. Für die Gäste, weil sie wenig hatten von den ganz am anderen Ende des Tisches bereitgestellten Fleischstücken, Suppen, Fischgerichten, Gemüsen oder Süßspeisen. Auch die Gastgeber litten zunehmend unter den finanziellen Verpflichtungen. Da muss einigen die sich im 19. Jahrhundert ausbreitende Mode, Service à la russe genannt, als Segen erschienen sein.

Doch man sollte nicht glauben, dass die neue Methode des Servierens gleich Einzug gehalten hätte. Sie verbreitete sich erst langsam, vermutlich ausgehend vom 1810 amtierenden russischen Botschafter in Paris, dem durch seine Noblesse populären Alexander Kurakin. Hatte der russische Zarenhof zuvor Einflüsse Frankreichs aufgenommen, brachte er nun Ideen zurück. Allerdings dürfte auch die beginnende Kultur der gehobenen öffentlichen Restaurants ihren Teil zur Verbreitung der neuen Form der Speisendarreichung beigetragen haben. Die nach der Französischen Revolution von 1789 arbeitslos gewordenen Köche des Adels gründeten damals Gaststätten, die auf Stil Wert legten, allerdings aus technischen und finanziellen Gründen den Service à la française begrenzen mussten. Die Ablösung der alten Serviermethode durch die neue erfolgte allerdings erst langsam. Während viele Restaurants schon bald immer mehr „russische Prinzipien" einführten, hielten die wiederhergestellten alten oder neuen Adelshöfe oft noch ein paar Jahrzehnte am traditionellen System fest.

An Pracht ließ es allerdings auch der Service à la russe nicht fehlen und an Gängen erst recht nicht. Oft wurden, wie alte Speisekarten beweisen, acht oder mehr Folgen gereicht, wobei die Anzahl der Gänge ebenso schwankte wie die Reihenfolge. Austern oder andere kalte Kleinigkeiten vorweg, später Suppe, Fisch, Gemüse, Braten, anschließend warme und kalte Desserts, Obst und Kaffee. Manchmal wurde in der Mitte ein erfrischender Punsch gereicht. Im 19. Jahrhundert wurde es zudem üblich, den Wein genau auf die Speisen abzustimmen. Vorher war das aus technischen Gründen – sehr viele unterschiedlich schmeckende Speisen innerhalb eines Ganges – unmöglich. Sauternes zu Austern galt seinerzeit als populär, zum Fisch bevorzugten viele Gäste Rheinriesling, und auf die zum Dessert servierten Süßweine wie Commandaria, Portwein oder den damals in der Regel süßen Champagner folgten noch Brände und Liköre sowie der immer etabliertere Kaffee. Wirklich durchgesetzt hatte sich der Russische Service in Frankreich und im Rest Europas erst Ende des 19. Jahrhunderts. Während in vielen gutbürgerlichen Privathäusern die Zahl der Gänge auf ein praktikables Maß reduziert wurde und Schüsseln sowie Platten noch immer an den Service à la française erinnerten, pflegten die Oberschicht und berühmte Restaurants noch bis weit ins 20. Jahrhundert hinein acht oder neun Gänge manchmal mit Erfrischung in der Mitte, de facto öfter Sorbet als Punsch. In jüngerer Zeit wiederum wurde in den meisten Restaurants gestrafft; vielfach genügen heute auch in Spitzenlokalen fünf oder sechs Gänge. Andererseits gehen einige sehr berühmte Etablissements den gegenteiligen Weg. Wer im baskischen Drei-Sterne-Restaurant Martín Berasategui zum Essen einkehrt, muss sich auf ein 15-gängiges Menü einstellen. Eines allerdings, das in seinen Abmessungen genau abgestimmt ist auf Geschmack und Appetit der Gourmets von heute, die ja nur noch selten jene Portionen vertilgen, wie sie vor Jahrhunderten üblich gewesen sein dürften.

Teilen als neue Mode – im Restaurant oder zu Hause

Die Idee jedoch, die dem französischen Service zugrunde lag, ist noch lebendig. Wer viele Speisen auf eine gemeinsame Tafel stellt, auf dass alle sich bedienen mögen, gemeinsam kosten, sich über das Gegessene austauschen, schafft ein ganz besonderes Esserlebnis. In Asien war dieses Teilen bei Tisch immer schon beliebt, ist noch heute selbst in den feinsten chinesischen Restaurants zu finden. Ein runder Tisch, in der Mitte eine drehbare Scheibe, auf der Kellner zahlreiche Schüsseln platzieren. Es wird munter hin und her probiert, die Atmosphäre unterscheidet sich deutlich von der eines klassischen europäischen oder nordamerikanischen Restaurants. Wo freilich seit kurzem auch neue Entwicklungen zu beobachten sind. Die Sharing Dishes sind drauf und dran, sich in einem Teilbereich der Gastronomie durchzusetzen, in Berlin wie in London, in New York wie in Zürich. Coole Neueröffnungen laden dazu ein, mehrere Speisen zu teilen, werben womöglich ausdrücklich mit Vorspeisenvariationen, bieten anschließend drei oder vier Hauptgänge pro Tisch. So etwas reicht inzwischen bis in die Szene der Gourmetrestaurants, wie es das Igniv im schweizerischen Bad Ragaz beweist. Sharing ist angesagt!

Natürlich funktioniert, was im Restaurant klappt, auch in den eigenen vier Wänden. Eine Mischung aus Service à la française und von Asien inspirierten Sharing-Methoden kommt prinzipiell ausgezeichnet an. Für den Gastgeber eröffnen sich dadurch neue Möglichkeiten. Er muss nicht mehr akribisch die jedem Gast zustehenden Portionen berechnen, damit nur ja genug von allem für alle da ist. Er kann vielmehr nach Herzenslust spielen, immer neue Gerichte bringen, im Notfall auch improvisieren. Stehen sechs oder sieben Schüsseln mit Köstlichkeiten auf dem Tisch (jede Menge Inspirationen hierzu sind im Buch zu finden), wird keine derartig kritisch beäugt, als gäbe es nur einen einzigen Hauptgang. Und wer zum Abschluss eines Essens eine Phalanx aus drei oder vier Desserts unterschiedlicher Texturen und Temperaturen auf den Tisch stellt, darf sich der Bewunderung seiner Gäste sicher sein. Die vermeintlich alten Tischsitten Frankreichs haben also auch im 21. Jahrhundert noch ihre Berechtigung. Nur die römische Sitte, sich zum Abendessen auf Liegen zu strecken, konnte bis jetzt nie wieder erfolgreich etabliert werden.

Die Moderne

Der Gastgeber von heute – nicht alles geht, aber vieles
Und ein Motto ist auch ganz schön

Gastgeberschulen wurden noch nicht erfunden, an den Universitäten kann man diese Kunst nicht studieren, und auf den Hotelfachschulen bekommt man allenfalls eine ungefähre Vorstellung davon, was es heißt, für seine Gäste nicht nur Gläser hinzustellen und Teller abzuräumen, sondern auch die Richtung vorzugeben. Letzteres ist wichtig, damit der Abend ein Erlebnis für alle wird.

Die erste Grundregel: sich zunächst mal vom Gedanken zu verabschieden, es allen recht machen zu wollen. Schließlich geht es im privaten Rahmen, anders als im Restaurant, nicht um den Austausch von Essen gegen Geld. Daheim ist alles gratis, deshalb spricht auch nichts dagegen, bestimmte, nennen wir es mal: Regeln vorzugeben. Wer das als Eingeladener nicht möchte, muss die Einladung ja nicht annehmen, braucht lediglich mitzuteilen, dass er am vorgesehenen Tag – leider, leider – etwas anderes vorhat. Alle anderen sollten wissen und natürlich akzeptieren, dass der Gastgeber jemand sein könnte, der Ansagen macht, in Watte verpackte Vorschriften, die klarmachen, wie der Abend in etwa laufen wird. Also nicht so, wie es in all den gedruckten Ratgebern steht, die in den Regalen der Buchhandlungen stehen. Alles perfekt machen solle man, heißt es dort. Wer sich ernsthaft daran hält, wird es niemandem recht machen, schon gar nicht sich selbst. Austauschbar ist das perfekte, durchgestylte, ausgeschmückte Fest. Erschöpft ist am Ende der Gastgeber selbst, kommt er doch vor lauter Perfektionsdrang nicht mehr dazu, sich individuell um seine Gäste zu kümmern. Die eierlegende Wollmilchsau in Sachen Party sorgt am Ende eher für allgemeine Enttäuschung.

Regel Nummer zwei lautet daher: Vergessen Sie das ausgiebige Menü, das für alle alles bieten soll. Nicht den Fehler machen, Gerichte zu kochen, die nicht wirklich beherrscht werden oder gar zum ersten Mal zubereitet. Und bei sich selbst bleiben, statt jemand anderes sein zu wollen. Vor allem: Selbstbeschränkung darf sein. Es gibt, was es gibt. Und wenn jemand kein Fleisch isst, muss er mit dem vorliebnehmen, was an Gemüsigem da ist, ein Blick in das Kapitel Vegetarisch ab Seite 122 bietet zahlreiche Anregungen. Nichts gegen rein vegan lebende Menschen, aber wenn allgemein bekannt ist, dass man als Gastgeber selbst Fleisch verzehrt, muss der Gast damit rechnen, dass tierische Proteine auf den Teller kommen. Allergien müssen ebenso wenig abgefragt werden, denn jeder Gast ist dafür verantwortlich, sich im Vorfeld zu artikulieren. Im Zweifelsfall muss der Antikarnivore sich eben mit Brot (natürlich von erstklassiger Qualität vom Bäcker oder einem selbst gebackenen aus dem Kapitel Backen & Teig ab Seite 94) begnügen, der Glutensensitive sein eigenes mitbringen und der Alkohol verschmähende Gast eben Wasser trinken.

Gala-Dinner oder Gartenparty, Menü oder Fingerfood

Ein Motto vorzugeben, bietet sich aus anderen Gründen an. Die Gäste haben die Möglichkeit, sich darauf einzustellen, was es voraussichtlich geben wird. Kleidung und Gastgeschenke können auf die Umstände abgestimmt werden, und jeder entscheidet selbst, ob er vor dem Event noch anderswo etwas isst. Sicherheitshalber!

1. Gartenparty – ein bisschen wie bei der Queen

Eine der einfachsten Einladungsvarianten und eine gute Gelegenheit, seine Gastgeberqualitäten unter Beweis zu stellen und die Ascot-Garderobe aus dem Schrank zu holen. Die Gäste bitten, einen originellen Hut zu tragen, Champagner bereitstellen – ein feiner Prosecco oder Rieslingsekt tut es mindestens genauso gut – und für einige Blumen und Kräuter sorgen. Ansonsten sind vor allem Kleinigkeiten zu essen wichtig, die nach dem Angebot des Marktes variieren können. Frische Erdbeeren sind beinah unverzichtbar, Ofenkartoffeln mit dreierlei Dips (s. S. 130) empfehlenswert, eine Spargel-Quiche (s. S. 110) und andere gut vorzubereitende Delikatessen müssen auf jeden Fall sein. Je mehr englische Küchentraditionen eingepflegt werden, desto authentischer wird die ganze Sache. Roastbeef und Yorkshire Pudding, also eine Art Eierkuchen, sind eher für die Fortgeschrittenen gedacht. Alle anderen können auch Fish and Chips servieren, stilecht aus dem Zeitungspapier. Am wichtigsten ist der Abschluss der Party. Ein Trifle, eine üppige englische Süßspeise, ist leicht zuzubereiten und dürfte für Begeisterung bei den Gästen sorgen.

2. Haeberlin reloaded

Auch wer noch nie da war, hat schon mal von jenem elsässischen Restaurant gehört, das wie kaum ein zweites die Grande Cuisine und mehr noch die große Tradition der französischen Küche repräsentiert. Steht die Einladung unter dem Haeberlin-Motto, ist dem Gastgeber größte Aufmerksamkeit sicher. Allerdings sollte man nur nicht den Fehler begehen, alles exakt so machen zu wollen, wie es bei der Gastronomenfamilie im idyllischen Dorf Illhaeusern üblich ist. Eine Gänseleberterrine in dieser Perfektion zu zaubern – das schaffen nicht viele. Auch auf hausgebackene Brioche darf verzichtet werden. Aber warum nicht den berühmten soufflierten Lachs nachkochen – ist gar nicht so schwer und auch nicht umständlicher, als sich an einen pochierten Pfirsich mit Pistazieneis zu wagen.

Hier serviert der Kenner natürlich elsässischen Wein und stilecht Flammkuchen: spätestens in diesem Moment ist allerdings dringend angebracht, über die Anschaffung eines Gaggenau Backsteins nachzudenken, nach dem Rezept auf Seite 114. Zum Flammkuchen passt Muscat als Apéro und Riesling zum Fisch im Buch zu finden ab Seite 143. Zum Dessert vielleicht Gewürztraminer, am besten aus grünstieligen Gläsern, ist aber kein Muss, und danach noch einen Tresterschnaps aus selbiger Traube: Am Marc de Gewürztraminer kommt niemand vorbei.

Der Bistro-Stil

3. Eine Reise nach Mexiko: einfach mal Cinco de Mayo feiern

Ob man den Trip tatsächlich angetreten hat und aus mitgebrachten Rezepten schöpft oder ob nur die Gäste an einem Traum teilhaben: ganz egal. Mit Sombreros, passender Musik und als Essen das, was man nun mal isst im südlichen Anrainerstaat der USA. Gut gewürzte Saucen, die sich hier Mole nennen, Maistortillas (bitte nicht die billigen aus dem Supermarkt), Guacamole und natürlich ein paar Maischips zum Knabbern. Mini-Burger mit Pulled Chicken (s. S. 187) ist zwar nicht komplett mexikanisch, wird aber augenblicklich Heimweh bei amerikanischen Gästen stillen. Fortgeschrittene wagen sich an Tamales, die in Mais- oder Bananenblättern gedämpften pikanten Küchlein und sparen nicht an Chilis. Wer allerdings Chili con Carne serviert, macht sich unglaubwürdig, denn das hat mit der echten mexikanischen Küche ebenso wenig zu tun wie Sachertorte mit französischer Patisserie.

Obacht beim Mezcal: Mit dem berühmtesten Schnaps Mexikos sollte man vorsichtig umgehen, wenn es sich um eine Spitzenqualität handelt. Der Geschmack ist gewöhnungsbedürftig, der Alkoholgehalt nicht zu unterschätzen. Tequila ist leichter verständlich und kann zudem problemlos gemixt werden. Aber Achtung: auch dieses Getränk hat ordentlich Umdrehungen! Margueritas gehen dafür eigentlich immer. Sie sind zwar ebenfalls nicht jugendfrei, man schmeckt den Alkohol aber nicht so raus, was dieses Getränk neben seinem ansprechenden Äußeren besonders bei den Damen beliebt macht.

4. Wie wäre es mit Toskana?

Eines der beliebtesten italienischen Urlaubsziele hat sich kulinarisch gemausert. Die über viele Jahre unterschätzte Küche von einst wurde längst durch eine feine, kreative, oft authentische Art des Kochens und Anrichtens ersetzt. Toskanische Gemüsepfanne (s. S. 138) lässt sich in zahlreichen Varianten anbieten, Ossobucco mit Gremolata (s. S. 204), Mediterraner Reissalat (s. S. 87) sind ebenfalls typisch. Die Auswahl der Weine dazu, es müssen ja nicht gleich die Raritäten von Antinori sein, Pecorino und Parmaschinken sowie ein paar Dekorationselemente, die an Florenz oder Pisa erinnern. Danach, zum Dessert bitte noch mal richtig auftrumpfen. Pannacotta-Tarte (s. S. 223) beispielsweise mag jeder und lässt sich gut vorbereiten. An den zum Espresso gereichten Amarettini oder Biscotti Morbidi, wenn auch nicht typisch toskanisch, doch unverkennbar italienisch, kommt ohnehin niemand vorbei. Die süßen Leckereien schmecken übrigens auch ohne einen Caffè wunderbar.

7. Veggie goes Party

Vegetarisch liegt im Trend. Vielleicht lebt man sogar selbst als Gastgeberin oder Gastgeber schon seit Jahren komplikationsfrei sehr glücklich, ohne Fleisch oder Fisch zu essen. Warum also nicht mal einen ganzen Abend unter dieses Motto stellen? Durchaus beliebt, da pikant in den Aromen, sind fleischlose Gerichte, die fernöstlich inspiriert sind. Das Asiatische Gemüse von Seite 138 beispielsweise lässt sich auch locker für mehr als vier Personen zubereiten, macht sowohl Nase und Gaumen Freude als auch optisch einiges her. Dekotechnisch sind beim Thema Asien-Veggie für den Tisch keine Grenzen gesetzt: Von Indien bis Indochina geht einfach alles.

Gästen, die bis zu diesem Zeitpunkt (noch!) überzeugte Fleisch-/Fischesser sind, fällt vermutlich nicht einmal auf, dass eine Beilage zum Gemüse fehlt. Komplette Menüs vegetarisch zu gestalten, ist nämlich problemlos möglich. Wie wäre es etwa mit einem zarten Brokkoli-Flan als Vorspeise (S. 129), gefolgt von einem herzhaften Bohnen-Cassoulet (S. 134) und – als krönendem Abschluss – verführerisch schmeckenden Topfenknödel mit Marzipanfüllung (S. 228)? Selbst komplette Büffets ohne ein einziges Stück Fleisch oder Fisch zu bestücken, lässt sich problemlos arrangieren.

8. Wir können es besser

Sushi ist für Japaner nicht unbedingt die Krönung der Kochkunst, oft vielmehr nur ein Imbiss, allenfalls ein schmackhaftes Intermezzo in einem ausgedehnten Menü. Überhaupt lächeln Japaner allenfalls höflich, weil in dem asiatischen Land Nigiri statt Sushi das Häppchen der Wahl ist. Es spricht jedoch nichts dagegen, die Mischungen aus Reis, Fisch und Gemüse sowie Wasabi und Sojasauce als abendfüllendes Programm auszubauen. Allerdings geht es in diesem Falle nicht darum, Maki Rollen und dergleichen mit Mayonnaise und Teriyakisauce zu verunstalten, wie es bei manchen populären Köchen in Mode sein mag, sondern authentisch zu arbeiten. Japanischer Reis – gut sortierte Asienläden existieren in jeder größeren Stadt – und frischer Fisch in 1a-Qualität sind wichtig, bei der Sojasauce sollte auf überdurchschnittlich gute zurückgegriffen werden. Nur beim Thema Wasabi dürfen Sie Kompromisse eingehen. Echte Wasabiwurzeln sind nämlich schwer zu bekommen und ziemlich teuer. Das asiatische Gemüse passt hervorragend zum Schweinebauch (s. S. 191) und dürfte alle freuen, die nicht so sehr auf Sushi stehen. Dazu passt natürlich Sake, den alle einen ganzen Abend lang durchtrinken können, vielleicht aber nicht unbedingt sollten.

5. Inspiriert von Escoffier, Schöpfer der Grande Cuisine

Eintauchen in die Welt des vermutlich berühmtesten Kochs der Welt – es gibt nichts, womit man Gäste in ähnlichem Maße begeistern könnte. Vorausgesetzt, diese sind interessiert an der Geschichte der Kochkunst und wissen sehr gutes Essen von mittelprächtigem zu unterscheiden. Sind diese Fragen mit ja beantwortet, geht es nur noch darum, die bisweilen komplizierten Rezepte des 1935 verstorbenen Starkochs auf praktikable Formen herunterzubrechen. Poularde Derby, einer dieser Klassiker des Spitzenkochs, lässt sich auch mit weniger Trüffeln zubereiten als im Original, ohne sich den Zorn der Puristen zuzuziehen.

Am einfachsten freilich ist Salade niçoise zu gestalten, zwar keine Kreation von Escoffier, aber von ihm beschrieben. Sie erinnert an seine südfranzösische Heimat. Grüne Bohnen, Kartoffeln, Tomaten, Kapern, Oliven und Sardellenfilets gehören in diesen Salat, Thunfisch ebenfalls, Eier allerdings nicht. Kann man aber trotzdem als Topping dazu servieren, schließlich geht es ja um Individualität, genauso wie den Rote-Bete-Salat mit Himbeervinaigrette (s. S. 90). Der ist zwar auch nicht von Escoffier, schmeckt aber einfach köstlich und wenn er übersetzt wird mit „Salade de Betterave aux Vinaigrette de Framboises", klingt er zumindest Französisch.

Beim Knoblaucheinsatz nur ja nicht übertreiben und nach dem Käsegang – Camembert und provenzalischer Ziegenkäse sind gesetzt – unbedingt die Apfelrose im Blätterteig servieren. Wer beim Anblick dieses Desserts von Seite 224 nicht auf der Stelle verzaubert ist, dem ist nun wirklich nicht zu helfen.

6. Der See liegt vor der Haustür

Regionale Zutaten liegen im Trend, Fisch gilt als gesund. Wer in der Nähe eines Sees lebt, muss also bloß vor die Haustür gehen, einen Fischer finden (oder einen Angelschein erwerben) und sich die frischeste Ware besorgen. Die gute Nachricht ist, dass auch heimischer Saibling oder Lachs, selbstverständlich aus bester Aquakultur, meist preiswerter zu haben ist als ein vor der Küste Spaniens gefangener Steinbutt. Ein regionaler Kräutersaibling aus dem Dampfbackofen löst die größte Zufriedenheit unter den Gästen aus (s. S. 147). Dazu die köstlichen Ofenkartoffeln von Seite 130 und der beste Riesling, den man auftreiben kann.

9. Meine Lieblingsgerichte – Hackbraten bis Kaiserschmarrn

Authentisch zu wirken, ist immer dann am einfachsten, wenn es um die eigenen Lieblingsgerichte geht. Isst jemand gern Kartoffelpüree zum Hackbraten, liebt Serviettenknödel zum Rindergulasch? Dann darf das auch zubereitet werden! Vielleicht ein bisschen leichter und eleganter als gewohnt (siehe dazu die Rezeptvorschläge von Seite 172/196 und 168/204), aber auf keinen Fall komplett anders. Erzählen Sie eine Geschichte dazu. Seien Sie Sie selbst. Und wenn Sie nun noch Ihre Lieblingsweine auftischen und erzählen, was Sie mit denen verbindet, ist sowieso alles in Butter.

Vom Apérogebäck bis zu den Pralinen:
Vorbereitung ist eine Kunst

Allzu perfekt wollen viele Gastgeber alles gestaltet und vorbereitet wissen. Die florale Tischdekoration ist dabei noch die leichteste Übung. Nichts gegen hübsches Drumherum und feine Teller, gute Gläser und großartiges Essen – aber wer in allen Details perfekt sein will, überfordert sich und eventuell seine Gäste. Die Grundregel lautet also ganz schlicht: Mühe geben im Rahmen des Machbaren, aber nicht übertreiben.

Ein guter Plan ist hilfreich

Vom Gedanken an überirdische Leistungen darf man sich verabschieden. Doch ein straffer, möglichst kurzer Plan ist sinnvoll, wenn einem nicht die Herrschaft über Gesellschaft und Essen entgleiten soll. Vorbereitung ist auch für den Gastgeber das, was die sogenannte Mise en Place für den Küchenchef eines geschmeidig laufenden Restaurants ist: das halbe Leben! Je mehr schon im Vorfeld erledigt wurde, desto eher kann man sich entspannen, mit seinen Gästen plaudern, ein guter Gastgeber sein.

Ganz ehrlich: Wer diesen Vorschlag befolgt und sich statt mit absoluter Perfektion eher mit relaxter Zufriedenstellung allen Anwesenden widmet, hinterlässt den besten Eindruck. Einen, der auch mit Sterneküche und kostbaren Weinen, mit teuerstem Silberbesteck und überbordendem Blumenschmuck nicht zu erreichen ist. Auf dem Plan könnten etwa die folgenden zehn Punkte stehen:

1. Die Auswahl der Gäste

Auch wenn alle gut erzogen sind, ist doch von vornherein klar, dass der eine mit dem anderen besser können dürfte als dieser mit jenem. Die Anzahl ist ein Punkt, der überlegt sein will: Spätestens bei mehr als acht Personen am Tisch wird auch der beste Gastgeber seine Aufmerksamkeit nicht mehr gleichmäßig verteilen können, und bei über 20 auf der Party bekommt er die Anwesenden nur noch hin und wieder zu Gesicht, was aber einem gelungenen Fest nicht zwangsläufig einen Abbruch tun muss. Wer also einen Abend plant, an dem sich alle inklusive Gastgeberin und Gastgeber angeregt unterhalten können, darf sich die Frage stellen: Warum nicht mehrere kleine Einladungen aussprechen als eine große? Klar sein sollte übrigens die Sprache. Sieben Deutschsprechende wird man kaum einen ganzen Abend lang dazu zwingen können, auf die eine Französin mit bescheidenen Fremdsprachenkenntnissen Rücksicht zu nehmen. Soll nicht in der üblichen Landessprache kommuniziert werden, gibt man der oder dem Betreffenden diese Information schon bei der Einladung, spätestens ein paar Tage vor dem Anlass bekannt.

2. Das Essen. Einkauf, aber richtig

Wer die Gedanken über die Art der Verköstigung und die Anzahl der Gänge, das beabsichtigte Büffet oder die Form des Servierens abgeschlossen hat, kann mit dem Einkauf beginnen. Fleisch, Fisch, aber auch Brot und andere wichtige Zutaten sollten rechtzeitig vorbestellt werden. Eine Gans zum Füllen ist am Tage selbst nicht immer ad hoc verfügbar, der Steinbutt womöglich bereits ausverkauft, und vom tollen Baguette hat der Bäcker nichts mehr da, weil ein anderer Kunde schneller war. Also rechtzeitig mailen oder anrufen, um eine Bestätigung bitten, die Ware möglichst spätestens am Vortag abholen. Zu viel zu kaufen, ist nicht nur erlaubt, sondern geboten, sofern man sich eine Zweitverwendung überlegt hat. Fleisch kann kalt gestellt oder eingefroren werden, auch Brot lässt sich in der Gefriertruhe lagern oder als sogenanntes Resteessen à la Armer Ritter einem zweiten Leben zuführen. Ein Zuviel ist gleichwohl nicht angesagt, schon gar nicht in Zeiten, in denen über Food Waste und Nachhaltigkeit diskutiert wird, aber hungrig wird niemand seine Gäste gehen lassen wollen. Für die Grillparty und ähnlich lockere Veranstaltungen dürfen es also schon 250 oder mehr Gramm Fleisch plus Beilagen pro Person sein, denn es wird immer jemanden geben, der bei einem solchen Event mehr Appetit hat. Für Mangelnotfälle lassen sich einige Würste im Tiefkühler bevorraten, im Dampfbackofen oder in warmem Wasser schnell auftauen. Merke: Ein guter Gastgeber sorgt für alle Eventualitäten vor.

3. Stühle, Tische und der ganze Kleinkram

Auch bei einer Stehparty besteht häufig der Wunsch, sich zumindest für einige Minuten zu setzen. Stühle und andere Sitzgelegenheiten sollten also vorhanden sein, und finden sich keine zusätzlichen im Keller, hilft es zu improvisieren. Kissen sind dafür super, vielleicht hilft der Nachbar aus (der im Zweifel ohnehin eingeladen ist). Niemals fehlen darf es auf den Gästetoiletten auch an Handtüchern, wer nicht genügend hat, nimmt welche aus Papier, und natürlich an Seife. Optisches Highlight sind ein paar frische Blumen, die in einer hübsch arrangiert in einer kleinen Vase im Gästebad ihren Platz haben.

Ausreichend Servietten sind sinnvoll (Papier einfarbig oder mit Muster ist gut, Stoff besser, auf Gartenpartys können es auch preiswerte Geschirrhandtücher sein) und selbstverständlich Tische, auf die man Essen, Weingläser und andere Accessoires stellen kann.

4. Vorbereiten, kalt stellen, anrichten

Alles, aber wirklich alles, was vorbereitet werden kann, sollte auch vorbereitet werden – mit zwei Ausnahmen. Erstens gibt es Komponenten, die sich eben nicht stundenlang aufbewahren lassen, ohne drastisch an Geschmack und Konsistenz zu verlieren. (Bitte niemals Steaks halb fertig garen und vor Beginn des eigentlichen Essens nochmals auf den Grill legen, außer sie sind sous-vide gegart und erhalten die schmackhaften Röststoffe in der Pfanne oder auf dem Grillrost kurz vor dem Servieren!) Zweitens macht es sich gut, zumindest die eine oder andere Komponente à la minute zuzubereiten oder mit Dressing zu verfeinern. Den Eindruck, nur Vorgefertigtes auf den Teller zu schaufeln, will man als Gastgeber ja vermeiden.

Schon am Vortag zubereitet werden am besten Blätterteiggebäck und Vergleichbares für den Aperitif, Nüsse und Oliven (anrichten und abgedeckt kalt stellen) sowie Süßspeisen, die durchziehen müssen. Gemüse kann schon geschält oder gesäubert, Fleisch bereits entbeint oder von Sehnen befreit, Fisch geschuppt werden.

Am Tag der Einladung sollten Salate schon vorbereitet sein und je nach Art durchziehen oder ohne Dressing auf den großen Auftritt warten. Nudelsalat beispielsweise verträgt den Einfluss von Gewürzen und Essig über Stunden hinweg, Blattsalat nicht. Fleisch kann rechtzeitig portioniert, sollte aber erst kurz vor dem Garen gesalzen werden. Ein guter Backofen oder Dampfbackofen erleichtert die Zubereitung von warmen Speisen ungemein, vor allem, wenn er diese präzise überwacht und über das Display anzeigt, wie lange das Essen noch garen muss. Bei 220 Grad Celsius und mehr kommt es allerdings auf jede Minute an, beim Niedrigtemperaturgaren ist eine halbe Stunde zu viel meist unerheblich. Das Rinderfilet auf diese Weise oder gleich sous-vide zu garen, um kurz vor dem Service nochmals die Temperatur hochzustellen oder per Pfanne Knusprigkeit zu erzeugen, verhilft zu einzigartiger Entspannung beim Gastgeber.

Vorbereiten lassen sich am Morgen vor dem Eintreffen der Besucher auch viele Beilagen – beispielsweise Kürbis-Kartoffelgratin (s. S. 167) in die Form schichten, aber noch nicht backen, Bohnen-Cassoulet (s. S. 134) zubereiten und später nur noch aufwärmen – und Saucen.

5. Einfach schön oder übertrieben? Die Tischdekoration

Es ist dem Gastgeber selbst überlassen, ob er Platzsets aus Stoff oder anderen Materialien nutzt, viele kleine Blumenvasen platziert oder sich mit einem klassischen Bouquet begnügt. Kerzen sind keine Notwendigkeit, und es ist sehr gut möglich, ohne Namensschilder an der Tafel auszukommen.

6. Die Crux mit den Kühlschränken

Kaum jemand besitzt genügend Kühlschrankkapazität, um alle vorbereiteten Speisen unterzubringen, in kaum einer Wohnung sind genügend Plätze für Wein- und Wasserflaschen, für hausgemachte Kombucha und frisch gepressten Apfelsaft vorrätig. Und wohin mit all den Schüsseln: Quinoasalat, Lachstatar, Zitronen-Biskuitrolle? Im Winter lässt sich improvisieren, indem man die Terrasse oder den Balkon mitbenutzt, im Sommer gibt es nur eine Lösung. Ein paar Stunden vor Beginn des Events muss Eis her. Crushed Ice oder Würfel, am besten ein paar Säcke voll, wie es sie heute an jeder Tankstelle und in gut sortierten Supermärkten gibt. Die Badewanne – es tut auch eine aus Zink – lässt sich problemlos in einen Hilfskühlschrank verwandeln, und niemand muss jemals mehr auf kalte Getränke warten. Der Weintemperaturschrank mit mehreren Klimazonen, wie beispielsweise Gaggenau ihn entwickelt hat, ist übrigens eine durchaus lohnende Investition, besonders wenn kein Keller zur adäquaten Weinlagerung vorhanden ist. Normale „Zweit-Kühlschränke", wie sie in manchen Haushalten zu finden sind, eignen sich höchstens für die kurzfristige Aufbewahrung der Flaschen, weil sie durch die Vibration die Weine nachteilig verändern.

7. Der Gastgeber steht bei den Gästen – nicht in der Küche

Sind Salate und Vorspeisen vorbereitet, die Beilagen weitgehend fertiggestellt, ist das Fleisch im Ofen und sind alle Teller in der Wärmeschublade, ist die Zeit gekommen, für seine Gäste da zu sein. Aufenthalte in der Küche sind auf das Mindestmaß des Aufschneidens, Portionierens und Anrichtens zu beschränken. Ein, zwei effektvoll am Tisch zubereitete Speisen lockern die Sache auf. Tagliatelle im ausgehöhlten Parmigiano-Laib zu schwenken, ist spaßig. Käse muss zwingend mindestens eine halbe Stunde vor dem Verzehr aus der Kühlung geholt werden, das zum Dessertteller vorgesehene Eis sollte zehn Minuten außerhalb des Tiefkühlers zugebracht haben, bevor es zu Nocken geformt wird. Und was den Kaffee angeht: bitte schon rechtzeitig Tassen in der Wärmeschublade warm halten und Pulver abmessen, Löffel in Stellung bringen und sowohl Milch als auch Zucker in Bereitschaft halten. Ein Kaffeevollautomat erleichtert das Leben hierbei ungemein, da dieser auf schlichten Knopfdruck alles Mögliche wie doppelten Espresso, Capuccino, Latte Macchiato und ähnliches produziert, ohne dass mit diversen Gerätschaften hantiert werden muss.

8. Und was ist mit den Gastgeschenken?

Nicht immer bringen Gäste etwas mit, aber wenn sie das tun, gilt die Faustregel: bewundern und auf einen prominenten Platz stellen, bis alle Gäste eingetroffen sind. Ob Geschenke ausgepackt werden sollen? Natürlich sollen sie! Es gibt nichts Unhöflicheres, als die feine Flasche Wein, das gute Buch oder das selbst gemalte Bild schnöde zu ignorieren. Doch bewundern und auspacken bedeutet nicht, dass auch gleich zugegriffen werden muss. Es sei denn, der Gast sagt ausdrücklich, dass essbare Mitbringsel für den sofortigen Verzehr gedacht sind. Eine Torte, die Macarons aus der ortsansässigen Patisserie und ähnliche Leckereien lassen sich spontan in den Menüplan integrieren.

9. Spülen? Gott bewahre!

So manche Gäste fragen automatisch, ob man Hilfe benötige. Und ehrlich gesagt: Auch wenn klassische Ratgeber das Einspannen von Besuchern als No-Go ansehen, ist es nicht schlimm, da und dort um eine Handreichung zu bitten. Hier mal ein Stück Fleisch wenden, dort mal beim Abräumen helfen: Es gibt Schlimmeres. Den Abend mit einer gemeinsamen Spülveranstaltung zu schließen, ist allerdings keine gute Idee und bringt weder dem Gastgeber etwas noch den Gästen.

10. Aschenbecher und Feuerzeuge

Viel angenehmer als abzuwaschen ist, zum Schluss eine Zigarre anzubieten und für jene, die lieber Zigaretten rauchen, eine ausgefallene Sorte vorrätig zu halten. Aschenbecher sollten schon zuvor aufgestellt werden, denn das Rauchen zu verbieten, ist kaum sinnvoll, auch wenn man die Gäste sehr wohl nach draußen verweisen kann, so der eigene Haushalt aus Nichtrauchern besteht.

Welcher Kochtyp sind Sie?

Was man gern isst oder wie jemand sein Essen zubereitet, ist etwas sehr Individuelles

Oft ist entscheidend beim Kochen, wie viel Zeit dazu zur Verfügung steht und wie zügig eine Mahlzeit auf den Tisch kommen muss. Kommen Freunde zu Besuch, lässt sich ein gepflegtes Dinner mit etwas Planung vorbereiten. Will eine kleine oder große Familie versorgt sein? Dann ist hilfreich, wenn das tägliche „Was-koche-ich-heute" in überschaubarem zeitlichen Rahmen zu bewältigen ist. Zählt man sich zu den ambitionierteren Köchen und möchte neue Wege in Sachen Kulinarik gehen, wird ein anderes Equipment benötigt als in der klassischen Küche. All das sind Kriterien, die mit darüber entscheiden, welches Einbaugerät in der jeweiligen Küche das jeweils optimale ist.

Wie ein echtes Original entsteht

Wer wüsste besser, was man zum Kochen benötigt, als jemand, der selbst leidenschaftlich gern kocht? Mitte der 1950er Jahre entwickelte Georg von Blanquet, Sohn des damaligen Gaggenau Inhabers, eine Vorstellung von einer Küche, die es bis dahin in dieser Form nicht gab. Die Frage, die er sich – unter anderem – stellte: „Warum muss ich mich eigentlich immer bücken, wenn ich am Backofen hantiere?"

Der passionierte Koch hatte 1956 die kreative Idee, eine maßgeschneiderte Einbauküche mit technisch ausgefeilten und gleichzeitig leicht zu handhabenden Einbaugeräten in Serie umzusetzen. Bahnbrechend und geradezu genial war zu dieser Zeit, das Kochfeld zu separieren und den Backofen auf Augenhöhe einzubauen sowie, quasi als Bonus, Lüftungsgeräte auf den Markt zu bringen. Damit wurde Gaggenau richtungsweisender Vorreiter einer gesamten Branche.

Blanquets fundiertes Wissen um das, was man zum Kochen braucht, diente dazu, gemeinsam mit den Designern und Ingenieuren die Gaggenau Backöfen immer weiter zu optimieren. So war Mitte der Achtzigerjahre der ursprüngliche Backofen EB 374 geradezu eine Offenbarung für Europa – und erlangte unmittelbar Kultstatus. Inspiriert durch die in den USA beliebten „Je-größer-desto-besser"-Backöfen, veränderte der auf eine Breite von 90 Zentimeter erweiterte innovative Gaggenau Backofen die Küche abermals aufs Neue. Das Lieblingsgerät aller ambitionierten Köche war mit seinem puristischen Avantgarde-Design so fortschrittlich, dass es über die nächsten drei Jahrzehnte nahezu unverändert blieb. Seiner Zeit voraus war übrigens nicht nur die Breite des Einbaubackofens, sondern auch das Glaskeramik-Kochfeld, sich seitlich öffnende Backofentüren oder der selbstreinigende Backofen. Sie alle sind Entwicklungen, die jeweils wegweisend waren.

Die gute Form der Geräte ist wesentlicher Bestandteil der Produktphilosophie und Ergebnis der engen Zusammenarbeit des Designteams sowie der Forschungs- und Entwicklungsabteilung mit Profiköchen. Dabei transformiert Gaggenau Innovationen aus der Gastronomie in den privaten Haushalt und gleicht sie den veränderten Anforderungen an. Basis des Gestaltungsleitbilds sind jeweils die folgenden Parameter: eine klare Formensprache, handverlesene Materialien und eine perfekte Verarbeitung, gepaart mit Funktionalität und technischen Neuerungen. Aus diesen Anforderungen resultiert ein ständiger Balanceakt zwischen den Polen Tradition und Innovation, damit die Marke auch bei den Neuheiten erkennbar bleibt.

Was sich deshalb genauso wenig verändert: Präzisionsgeräte wie die von Gaggenau gibt es nicht vom Fließband. Viele Fertigungsschritte finden bis heute in Handarbeit unter fachkundiger Überprüfung von ausgebildeten Experten statt. Mit Blick auf die Definition des Begriffes Manufaktur zeigt sich, dass er für ein hochindustrialisiertes Unternehmen wie Gaggenau durchaus zutrifft, auch wenn ein Großteil der Fertigung durch Maschinen unterstützt wird. Denn als Manufaktur gilt nicht nur allein ein Betrieb, der alles ausschließlich in Handarbeit produziert. Auch solche, in dem stark spezialisierte Produkte im Wesentlichen oder teilweise in Handarbeit hergestellt werden, was zu einer hohen Qualität führt, fallen darunter. Denn so entsteht schließlich die Perfektion bei Gaggenau: In jedem Herstellungsschritt überprüft der Fachmann seine Arbeit mit Auge und Hand auf Unvollkommenheiten. Ein Beispiel dafür ist die Kombination hochtechnisierter Verfahren wie das Laserschneiden mit manuellen Arbeitsschritten zur Kontrolle, Montage und Endbearbeitung – denn für High-End-Geräte, wie das Unternehmen sie fertigt, bedarf es höchster handwerklicher Expertise. Das braucht seine Zeit. Etwas in Spitzenqualität, mit Liebe zum Detail zu entwickeln und herzustellen, geht nicht über Nacht.

Der Backofen – ein Klassiker

Der Liebling aller Köche schlägt die Brücke zwischen Tradition und Zukunft. 2016, pünktlich zum 333. Geburtstag des Unternehmens, wurde die Gaggenau Ikone überarbeitet, bleibt dabei aber dem Ursprung treu: 90 Zentimeter breit, technisch ausgefeilt und puristisch im Design – und intuitiv zu bedienen. Dies gilt übrigens auch für alle anderen Backöfen, egal ob 90 cm, 76 cm oder 60 cm breit.

Was kann der Liebling aller Köche?

Alles, was ein Backofen so können muss: backen, rösten, schmoren, grillen, brutzeln …

Besonders lecker: Selbstgebackenes mit absolut vollkommener Kruste wie beispielsweise Pizza mit Chorizo (s. S. 121), der Flammkuchen mit Ziegenkäse (s. S. 117) oder aber Kartoffelbrot (s. S. 99) und knusprige Olivenbrötchen (s. S. 98) auf dem Backstein. Darüber hinaus Geschmortes wie etwa Ossobuco (s. S. 204) und ähnliches, ebenso Gegrilltes vom Drehspieß wie Ente (s. S. 181) und selbstverständlich sämtliche Arten von Kuchen und Gebäck wie zum Beispiel Zwetschgenkuchen mit Streuseln (s. S. 217).

Ungemein praktisch: die perfekte Reinheit durch das typische kobaltblaue Backofenemail und die jederzeit selbstreinigende Pyrolyse. Stundenlanges Einweichen, lästiges Schrubben und mühevolles Abkratzen von beispielsweise Fettspritzern, Käseresten oder ähnlichem entfällt. Reinigungsmittel sind nicht erforderlich und es gibt auch keine Geruchsbelästigung. Stattdessen spart man enorme Zeit.

Wer braucht diesen Backofen?

Alle, die Spaß am Kochen und Freude an klassischer Kochkunst haben. Und zwar ganz egal, ob schon fortgeschritten in Sachen Kulinarik oder erst dabei, sich und seine Kochkunst auszuprobieren.

Gaggenau steht für evolutionäres, nicht revolutionäres Design und folgt einer eigenständigen Formensprache. Sie bringt Form und Funktion in Einklang und verleiht den Produkten eine Seele.

Vieles erleichtert die präzise Zubereitung. So zeigt das TFT-Touch-Display nicht nur die gradgenaue Ist- und Soll-Temperatur. Sie zeigt auch auf einen Blick, wie lange es noch dauert, bis das Essen serviert werden kann, und speichert Garzeiten von Gerichten, die häufiger zubereitet werden. Ganz einfach funktionieren die 41 hinterlegten Automatikprogramme, die die optimale Temperatur, Heizart und Gardauer für Gemüse, Fisch, Fleisch, Brot und vieles mehr vorschlagen.

Ein absolutes Muss ist dieser Backofen für alle, die traditionell wie im Steinbackofen Pizza, Flammkuchen oder Brot backen möchten. Der Backstein kann auf eine Temperatur von bis zu 300 Grad Celsius aufgeheizt werden. Dabei nimmt er Feuchtigkeit auf und sorgt dadurch für den besonders knusprigen Boden und eine perfekte Kruste.

In Kombination mit einem Backofen und einer Wärme- oder Vakuumierschublade bildet der Dampfbackofen eine ästhetische Einheit für anspruchsvollen Genuss.

Der Dampfbackofen – ein Allrounder für jede Küche

Bei den meisten Geräten stellt man sich die Frage: Was kann es denn alles? Beim Gaggenau Dampfbackofen ist vermutlich einfacher zu beantworten, was das Gerät nicht kann. Der innovative Allrounder, eine Kombination aus Dampfgarer und Backofen, bietet Optionen, wie sie sich jeder wünscht, der passioniert kocht und Wert legt auf gesunde Ernährung und Vielseitigkeit. Zugleich ist er der erste Dampfbackofen mit integriertem Wasserzu- und –ablauf fürs Zuhause, mit dem sich professionell ohne Druck garen lässt.

Die Kombination analoger und digitaler Bedienung ersetzt sämtliche sonst üblichen Schalter und Knöpfe und ermöglicht eine intuitive Handhabung. Über den massiven Edelstahl-Drehknebel werden Beheizungsart und Temperatur gesteuert. Kerntemperatur, Uhr, Gardauer und ähnliches lassen sich über die Touchfelder des Displays aufrufen und bedienen. Ein 3-Punkt-Kerntemperaturfühler sorgt für gradgenaue Garstufen. Mit ihm gelingen Rezepte perfekt, mehr Präzision geht nicht. Verschiedene Feuchtstufen sind kombinierbar mit Grill und Heißluft, Sous-vide-Garen ist genauso selbstverständlich bei exakter Temperatureinstellung möglich.

Der Clou: die vollautomatische Selbstreinigungsfunktion mit Wasser. Einfach eine Reinigungskartusche einsetzen, das entsprechende Programm wählen und das Gerät erledigt die Arbeit. Da der Dampfbackofen auch über eine Trocknungsfunktion verfügt, entfällt sogar das Nachwischen.

Was kann der Allrounder?

Der Kalbstafelspitz (s. S. 207) ist auf den Punkt gegart und könnte wie das Bohnen-Cassoulet (s. S. 134) und die Kartoffel-Pilztaler (s. S. 168) angerichtet werden. Leider verspäten sich die geladenen Gäste um eine geschlagene Stunde. Ist nun das sündhaft teure Fleisch vom Bio-Metzer, gar das gesamte Essen ruiniert? Nicht nur hierbei hilft der Dampfbackofen: Das Essen wird warm gehalten, gart jedoch nicht weiter; Fleisch und Beilagen bleiben, wie sie sein sollen – der Abend ist gerettet!

Zusätzlich liefert das Gerät jede Menge Programme und Sonderfunktionen, die eine neue Welt der Lebensmittelzubereitung eröffnen. Außergewöhnliche Rezepte wie beispielsweise Rehsauerbraten sous-vide gegart (s. S. 203) sind damit ab sofort kein Wagnis mehr. Dampfgaren und backen, dörren, grillen, kochen, braten, auftauen, warm halten, Joghurt bereiten, einkochen und noch vieles mehr … weiteres dazu finden Sie in den Gartabellen ab Seite 252.

Wer braucht den Allrounder?

Die Frage müsste lauten: Wer braucht ihn nicht? Das Kombigerät eignet sich für alle, die (endlich) auf professionellem Niveau kochen möchten und für diejenigen, die schonender, geschmacksintensiver und gesünder garen wollen. Yoghurt zubereiten, Eier kochen, Kuchen backen, knusprige Gratins zubereiten, Brot auf Slow-Baking-Niveau backen, alles aufzuzählen, was sich im Dampfbackofen zubereiten lässt, sprengt an dieser Stelle den Rahmen. Ein Blick in den Rezeptteil ab Seite 82 mag deshalb hilfreich sein …

Die praktische Ergänzung – Vakuumierschublade

Als Vorreiter für das Kochen im Dampfbackofen steht Gaggenau für intensive Geschmackserlebnisse und die Weiterentwicklung gesunder Zubereitungsarten. Die ideale Ergänzung ist daher die Vakuumierschublade, die perfekt ist zur Vorbereitung von Lebensmitteln für das schonende Sous-vide-Garen. Passend zum Dampfbackofen gibt es die Vakuumierschublade mit je drei Vakuumier- und Verschweißstufen.

Die Zubereitung unter Vakuum – sous-vide – ist nicht allein mehr ein Privileg renommierter Sterneköche, die die Vorteile dieser Methode bereits vor Jahren kennengelernt haben. Auch in Privatküchen hält sie mehr und mehr Einzug, je bewusster der Umgang mit Nahrung ist. Denn die Zutaten garen dabei ohne Verlust von Nährstoffen bei einer gleichbleibend niedrigen Temperatur. Fleisch und Gemüse lassen sich so auf den Punkt schonend zubereiten, gewünschte Röststoffe kurz vor dem Anrichten in der Pfanne oder auf dem Grill erreichen. Profis und Gourmets preisen zudem Textur und Aroma der Speisen, die auf diese Art und Weise kreiert werden.

Entzieht man Lebensmitteln den Sauerstoff, hat das neben der Haltbarkeit auch noch andere Vorteile: Sie lassen sich zum einen besser lagern und einfrieren. Das gilt gleichermaßen für Saucen wie für Marmeladen und sogar geöffnete Getränke. Um Fleisch oder Gemüse zu marinieren, ist die Methode ebenfalls ideal. Die Marinade dringt gleichmäßig ein, sodass sich Aroma und Lebensmittel ausgezeichnet miteinander verbinden. Wer einen Blick hierzu auf Seite 149 oder 207 wirft, findet kulinarische Inspiration.

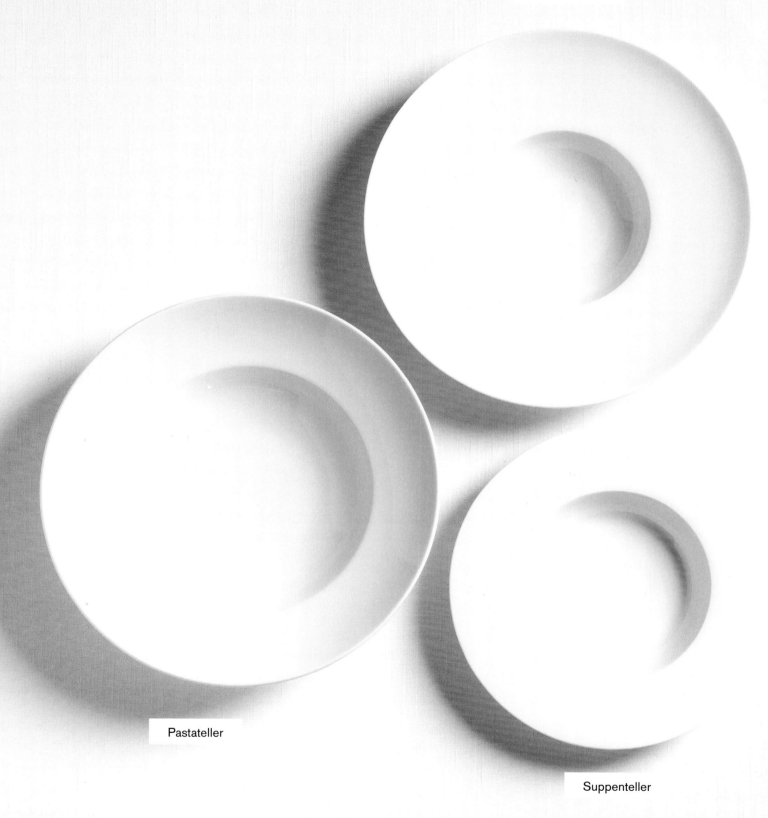

Gourmetteller

Mittelteller, flach

Pastateller

Suppenteller

Brotteller

Hauptgangteller, flach

Salat-/Beilagenschale

Kleine Tellerkunde – von Feinem speisen

Pastateller: Der Name könnte in die Irre führen. Natürlich dürfen auf ihm Nudeln in allen Farben und Formen angerichtet werden. Darüber hinaus ist er aber auch vor allem für Gerichte mit hohem Saucenanteil geeignet wie ein Gulasch mit Beilage oder herzhafte Eintöpfe. Salate, die als Hauptgang gedacht sind, sehen ebenfalls ausgesprochen appetitlich darauf aus.

Gourmetteller: Wer als Zwischengang eine zarte Speise mit Fisch serviert, angereichert mit einem Sud oder einem Hauch von Schaum, ist gut beraten, für derlei Köstlichkeiten einen angemessenen Rahmen wie diesen zu bieten. Selbst gemachte Ravioli, sprich: ein filigraner Raviolo pro Teller, präsentieren sich darauf übrigens genauso adäquat wie zarte Flans oder kleine Pasteten.

Suppenteller: Der Name sagt es bereits, klare Suppen oder gebundene lassen sich am besten in einem tiefen Teller servieren. Sie sind deutlich praktischer als die vor Jahren so beliebten Suppentassen, da sie auch als Salat- oder Dessertteller, zum Beispiel für Germknödel oder Eis, „zweckentfremdet" werden können.

Mittelteller, flach: Der kleinere Teller ist ideal für kalte und warme Vorspeisen, ebenso wie für Nachspeisen, Kuchen oder Käse. Werden mehrere Gänge serviert, fallen diese in der Regel reduzierter aus, sodass der Mittelteller auch für Hauptgänge in geringeren Mengen passt.

Hauptgangteller, flach: Der Unverzichtbare, wenn man Hauptgerichte mit oder ohne Fisch oder Fleisch sowie die passenden Beilagen, Flammkuchen oder Quiche auf den Tisch bringen möchte. Ist ein mehrgängiges Menü geplant – siehe Mittelteller, flach – eignet sich der große ganz hervorragend als Platzteller und schont so quasi nebenbei ausgesprochen dekorativ die Tischwäsche.

Brotteller: Baguette auf den Tisch? Krümel und Fettflecken rund um den Teller? Bitte nicht! Zum Ablegen von (natürlich selbst gebackenem) Brot, Brötchen oder Ciabatta (siehe Kapitel Backen & Teig), das zur Vorspeise beziehungsweise zur Suppe gereicht wird, bedarf es selbstverständlich eines kleinen Tellerchens. Darauf finden Aufstriche respektive Butter oder aber Olivenöl zum Tunken ebenfalls ihr Eckchen. Zum Aperitif, der meist im Stehen genommen wird, lassen sich darauf auch vorab kleine Amuse Bouches arrangieren.

Salatschale: Das Schüsselchen ist geradezu ein Alleskönner in Sachen Tischgeschirr. Beilagen-Salate lassen sich darin ebenso dekorieren wie Nachspeisen, zum Beispiel Cremes oder Rote Grütze. Die sogenannten Sättigungsbeilagen, die nicht zwangsläufig gleich zu Beginn mit dem Hauptgang auf dem großen flachen Teller in Kontakt kommen sollen, gehören dann also unbedingt ins Schälchen. Und wer zum Brunch einlädt, richtet darin hippe Smoothie-Bowls oder fröhlich-bunte Obstsalate an, während der sommerlichen Hundstage vielleicht eine Gazpacho.

Keine Angst vor Feuer und großen Tieren
Ein wenig Übung macht den Meister

Ein bisschen Show darf sein – zu Hause, im Restaurant, zumindest im Film. In der Geschichte der bewegten Bilder ist das Flambieren besonders beliebt. Wann immer ein Restaurant in seiner ganzen Pracht dargestellt werden sollte, sobald die Gourmandise als Kunst in Szene gesetzt werden wollte, griffen Regisseure zu Rechaud, Schnapsflasche und Feuerzeug. Eine Entscheidung, die aus heutiger Sicht leicht nostalgisch wirkt, denn das Flambieren, das effektvolle kurzzeitige Inbrandsetzen einer Speise mit dem Ziel, das Aroma der Spirituose auf das Gargut zu übertragen, findet ja heutzutage kaum noch statt. Nicht im modernen Restaurant und noch seltener zu Hause. Wer hat schließlich schon das passende Equipment, wer die richtige Unfallversicherung? Fast jeder fürchtet zudem, sich zu blamieren und denkt höchstens mal im Überschwang der Essensvorbereitung an diese legendäre Form eines eindrucksvollen „Finish". Es wäre ja ein Albtraum, wenn statt des Pfannkuchens die Krawatte des Gastes Feuer finge! Wer sich das Flambieren mal live anschauen möchte: Ein paar traditionelle Restaurants existieren natürlich noch, die so was können und praktizieren, doch sie sind selten und werden immer seltener. Ihre Namen handeln Liebhaber ehrwürdiger Tischsitten unter der Hand, meist sind die fürs Anzünden zuständigen Maîtres schon im Rentenalter, und die allermeisten Lokale dieser vom Aussterben bedrohten Gattung befinden sich in der Schweiz.

Flambieren, gewusst wie

Bei genauem Hinsehen aber muss sich niemand fürchten vor dem Flambieren. Man sollte nur wissen, wozu es nötig ist. Rindfleisch mit Whisky abzuflämmen oder Hummer mit Armagnac zu überschütten, ist eher kontraproduktiv. Entweder ist das Fleisch gut gegart oder nicht – die Flammen zum Schluss ändern nichts an diesem Zustand, und was nützt gutem Filet das Holz-Vanille-Aroma einer alten Spirituose? Wirklich schaden kann die Sache zwar nicht, aber interessant ist das Flambieren vor allem im süßen Bereich. Crêpes Suzette sind zwar das mit Abstand berühmteste Flambiergericht, aber eines, das eigentlich missverstanden wird. Tatsächlich sind die Orangen mit Pfannkuchen, jeder Menge Butter, Zucker und Orangenlikör ein Klassiker, der ganz zu Beginn seiner Geschichte anders zubereitet wurde. Mit der originalen Crêpes Suzette, die zwar mit Orangen- oder Mandarinenlikör verfeinert, aber eben nicht flambiert wurde, hat die spätere Flammensüßigkeit nur am Rande zu tun. Sie in einer Pfanne vor den Gästen zuzubereiten, ist dennoch erlaubt – sofern man die Sache mit dem Feuer mal geübt hat. Wichtig ist, dass der Orangenlikör – der beste, den man auftreiben kann – hochprozentig ist (mindestens 40 Volumenprozent) und aus der Flasche in ein kleines Glas umgefüllt wird. Lieber nicht zu viel Schnaps nehmen als zu riskieren, dass die Flamme an die Decke reicht und den Rauchmelder auslöst. Das Glas in die heiße Pfanne leeren, den Likör sofort mit einem Grillanzünder oder an der heißen Rechaud-Flamme entzünden. Sobald die Flammen erlöschen, ist das Aroma in die Pfannkuchen übergegangen, eine leichte Karamellnote vom Zucker ebenfalls vorhanden. Dazu Vanilleeis, am besten ein selbst gemachtes.

Einmal in Flambierlaune, könnte man nach weiteren geeigneten Zutaten suchen und dürfte dabei schnell fündig werden. Reife Bananen, mit einem ausgezeichneten alten Rum flambiert und mit Tonkabohneneis serviert, zeigen eine exotische Note und viel geschmackliche Komplexität. Birnen auf einem mit Birnengeist getränkten Biskuitsockel passen zu Sauternes – oder aber man reicht den zum Flambieren verwendeten Geist oder Brand in geeigneten Gläsern zum weiteren Verkosten weiter. Und logisch, dass sich auch Trauben (mit einem Marc de Gewürztraminer), Apfelkuchen (mit Calvados) oder Aprikosen (mit Aprikosengeist) flambieren lassen. Ach ja, warum nicht mal zu Schokoladencrêpes greifen und dazu einen Cognac verwenden? Nicht den ganz teuren, den über Jahrzehnte hinweg gealterten, aber auch nicht den allergünstigsten: Ein VSOP darf es schon sein.

Brust oder Keule?

Ein guter Gastgeber schafft natürlich gern auch jenseits des Spielens mit dem Feuer ein Erlebnis. Was wäre dabei eindrucksvoller, als ein ganzes Stück Geflügel zu tranchieren? Da freilich nähert sich auch der ambitionierte Hobbykoch oder der passionierte Privatkellner gelegentlich seinen Grenzen. Selbst gelernte Restaurantfachleute und professionelle Köche wissen ja nicht automatisch, wie man ein Perlhuhn so auseinandernimmt, dass kein Berg an Fleischfetzen und Knochen auf der Platte liegen bleibt, sondern hübsche, gleichmäßig große Scheiben Brustfleisch und Keule verabreicht werden können. Ohne eine gute Fleischschere, ein geeignetes scharfes Messer und reichlich Übung geht es nicht. Besagtes Perlhuhn, Ente und Gans sollten also zunächst unter Verschluss bleiben und in der Küche fürs Probe-Tranchieren herhalten. Auf die Tafel kommt stattdessen fürs Erste ein vergleichsweise einfach zu zerlegendes Stück Rindfleisch. Mit einem Filet darf man anfangen, sollte aber den Ehrgeiz entwickeln, sich zu steigern. Ein T-Bone-Steak oder ein Côte de Bœuf, ein Kalbskotelett oder eine Lammkrone machen per se schon eine Menge her und lassen sich auch im Zustand des Lampenfiebers einigermaßen fachgerecht zerteilen. Und beherrscht der Gastgeber das Spanferkel, kann er sich endgültig ans Geflügel wenden, zum Beispiel an eine Ente. Sich nach und nach hochzuarbeiten, ist eine Aufgabe, die auch Spaß machen kann! Wer am Schluss die Kunst beherrscht, fehlerfrei die Stücke jenseits von Geflügelbrust und -keule herauszuschneiden, nämlich die schmackhaftesten Partien wie das sogenannte, von den meisten Laien schnöde missachtete Pfaffenschnitzel, der dürfte bei seinen Gästen höchste Achtung erzielen. Für alle, die auf Vögel nicht verzichten wollen, sich aber noch nicht fit fühlen für das Tranchieren nach allen Regeln der Kunst, existiert übrigens eine Notlösung. Geflügel jedweder Art kann man sich beim Delikatessenhändler auslösen lassen. Alle Knochen werden so entfernt, dass nur noch Haut, Fett und Muskelfleisch übrigbleiben. Das Ergebnis lässt sich füllen, mit Äpfeln, Innereien, Gänseleber, eingeweichten Brötchen, grobem Maismehl oder Kastanien, zusammenrollen, zubinden und garen. Das Schönste am Endergebnis, neben dem Geschmack: Das entbeinte Tier lässt sich spielend leicht am Tisch in Scheiben schneiden und portionieren. Und weil sich normalerweise ja kaum jemand die Mühe macht, Fleisch auf diese Weise zu servieren, ist der Effekt nachhaltig. Übrigens hat diese Form der Zubereitung den großen Vorteil, dass man keine sogenannte Sättigungsbeilage separat zubereiten muss. Sofern genügend stärkehaltige Ingredienzien in der Füllung verarbeitet wurden, ist Sauce völlig ausreichend. Eventuell noch selbst gebackenes, frisches Brot zum Tunken dazu (ja, auch das ist mittlerweile nach Knigge erlaubt). Übrigens: Das Rezept für die knusprige Ente am Drehspieß ist auf Seite 181 zu finden.

Eine andere showträchtige Attraktion, die eher mit Kalbfleisch als mit Enten zu tun hat, ist das Wiener Schnitzel. Man kann es natürlich in der Küche zubereiten, jenseits der geselligen Runde. Oder aber am Tisch in eine Panier hüllen. Wer dann noch – ganz nebenbei – erläutert, dass es eben nicht Panade heißt, wie viele glauben, zeigt sein Wissen um korrekte Küchenbegriffe. Das Old Swiss House im schweizerischen Luzern macht es vor, bringt Kalbsschnitzel, Butter, verkleppertes Ei (mit Parmesan, Salz, Pfeffer, Muskatnuss gewürzt) und Paniermehl (aus weißem Toastbrot ohne Rinde) an den Tisch, wendet das Fleisch sorgfältig darin und brät es dann an Ort und Stelle. Ein Spektakel!

Der Fisch und seine Gräten

Beherrscht der Gastgeber das kunstgerechte Vorlegen von Rindfleisch, Lamm und Geflügel, ist es Zeit für den nächsten Schritt. Das Filetieren von Fisch ist nämlich nochmals eine neue Herausforderung, denn manche Arten besitzen feine und feinste Gräten, die sich nicht so einfach vom Fleisch lösen lassen. Und wer will sich schon blamieren, indem er seine Gäste eine halbe Stunde zwischen den Zähnen stochern lässt! Von Hecht muss also von vornherein abgeraten werden – den grätenreichen Fisch sollte man ausschließlich vom Fischhändler filetieren lassen. Um eine ganze Seezunge oder einen wild gefangenen Steinbutt im Bestzustand auf den Tisch und anschließend in Portionen auf den Teller zu bringen, bedarf es ebenfalls einer großen Erfahrung. Einfacher sind da schon eine Brasse oder ein Lachs im Salzmantel. Die können erstens am Tisch aufgeklopft werden, und zweitens bleibt der Fisch auch dann saftig, wenn die Garzeit überschritten wurde. Ob man den Fischservice noch steigern kann, was die Schwierigkeit angeht? Gewiss! Beispielsweise, indem Hummer oder Langusten auf den Menüplan geschrieben werden. Wer es versteht, auch große Krustentiere aufzuschneiden und von ihren Schalen zu befreien, sodass die essbaren Ergebnisse gut aussehen, hat den Titel als Gastgeber des Jahres verdient. Wem das alles zu kompliziert erscheint, dem seien die Chili-Garnelen von Seite 154 oder der Kräutersaibling auf Seite 147 empfohlen.

Das Beste kommt zum Schluss – lieber Käse als Soufflé

Auch später, im Verlaufe des Essens, darf noch ein bisschen Show zelebriert werden. Ein ganzer Camembert, ein stattlicher Roquefort oder zumindest ein auf den Punkt gereifter Livarot eignen sich gut, um aufgeschnitten und verteilt zu werden. Niemals den Käse zu kalt auf den Tisch bringen ist wichtig, damit die einzelnen Stücke nicht fest und kreidig herumliegen; das ideale Messer vorrätig zu halten, damit nichts kleben bleibt, ist es auch. Und falls es die Saison erlaubt, kann man auf einen Vacherin Mont d'Or zurückgreifen, einen legendären, in der Holzhülle verkauften Käse. Einfach vor dem Service ein paar Minuten in den Ofen, bis das Innere cremig-warm ist und sich oben eine Kruste gebildet hat. Dann mit dem Löffel am Tisch vorlegen und auf keinen Fall vergessen, frisches Baguette und einen leicht gekühlten Vin Jaune aus dem Jura zu servieren. Einem Gast, der beim Servieren einer solchen Köstlichkeit nicht ebenfalls auf der Stelle dahinschmilzt, ist nun wirklich nicht mehr zu helfen. Bekommt er danach noch eine Crème brulée (s. S. 219) gereicht, ist der Abend vollends gelungen. Hier gilt freilich, was schon beim Fisch Relevanz hatte: Wer keine Erfahrung mit dieser Süßspeise hat, backt stattdessen lieber den Käsekuchen von Seite 216. Schmeckt ebenfalls sehr gut und gelingt in der Regel sogar Backanfängern.

Wasser　　　　　　　　　　Saft　　　　　　　　　　reife Rotweine

Für jeden Wein das eigene Glas?
Nur nicht übertreiben!

Weingläser sind, das wird in der ganzen Diskussion um das perfekte Trinken gern vergessen, alles andere als selbstverständlich. Die Herstellung von Glas galt lange als kompliziert, die solcherart gewonnene Ware war in der Antike und später begehrt, vor allem dann, wenn sie besonders reich verziert war. Oft waren es Schaustücke für die gehobenen Tafeln und spezielle Gelegenheiten. Das gemeine Volk hatte mit den Kostbarkeiten wenig zu tun, trank vielfach nicht aus Gläsern, sondern nutzte die aus Steinzeug gefertigten Humpen, in die statt purem Wein meist Bier oder Apfelwein gefüllt wurde.

Aber selbst dort, wo echter Wein aus echtem Glas konsumiert wurde, ging es noch sehr lange nicht um den optimalen Geschmack, um die perfekte Eignung des jeweiligen Gefäßes für einen bestimmten Wein oder gar um die ideale Kombination von Essen und Getränken. Über Jahrhunderte hinweg trank man, um zu trinken. Wein war die Alternative zum meist nicht sauberen Wasser und als Rauschmittel gemeinhin geduldet. Nur wenige Genießer mit reichlich Geld und guten Einkaufsquellen tauschten sich zwischen Antike und beginnender Neuzeit über bestimmte Jahrgänge und Anbaugebiete aus. Im 18. und

klassische Karaffe für Weine   Portwein/Liköre

im 19. Jahrhundert erst entstanden auf weiter Flur die Sammler und Feinschmecker, die sich um Herkünfte und gleichzeitig die Erzeuger kümmerten. Qualifizierte Produzenten kamen allmählich zu Ruhm, die Einzellagen entlang der deutschen Flüsse wurden im 19. Jahrhundert ebenso klassifiziert wie die Schlösser im Bordelais. Und auch die Bedeutung des auf die Speisen abgestimmten Weins nahm im 19. Jahrhundert ganz neue Formen an.

Neue Weingläser – immer mehr aufs Getränk abgestimmt

Es war nur konsequent, dass man verschiedene Weine im 19. Jahrhundert aus unterschiedlichen Gläsern trank, denn die „très chic" eingedeckten Tafeln mit Unmengen von Tellern, Gabeln, Messern und Löffeln erfuhren durch diverse Gläser eine optische Aufwertung. Hatten Fürsten früherer Jahrhunderte oft lediglich ein einziges Nuppenglas vor sich stehen, ging es nun vor allem darum, die Tische auf imposante Weise zu gestalten. Der in Mode kommende russische Service – Gang für Gang und dazu das passende Getränk – begünstigte diese Entwicklung. Ein kleines Glas für Süßweine, ein größeres für Burgunder oder Rheinwein, eine Schale für Schaumwein. Die eingedeckten Gläser waren kunstvoll geschliffen und reich verziert, bestanden häufig aus farbigem Glas und besaßen, vergleicht man sie mit den in der Gegenwart gebräuchlichen Weingläsern, selten einen allzu voluminösen Kelch. Warum mehr Inhalt bereithalten als unbedingt notwendig? Vermutlich hat man auch bereits im 19. Jahrhundert über das Bouquet eines Weins diskutiert und Wertungen ausgesprochen – doch über den Zusammenhang zwischen der Form des Glases, der Neigung der Glaswände sowie dem Fassungsvermögen und der Entfaltung der Aromen machte man sich kaum Gedanken. Und was das Zusammenspiel zwischen dem Auftreffen des Weins auf bestimmte Bereiche der Zunge, die Geschmacksknospen und die Signalübertragung ans Gehirn anging, so sollte man feststellen: Das ist noch heute nicht jedem Weintrinker und nicht jedem Gastgeber geläufig. Man muss sich, zum Beweis für die frühere Nonchalance, nur mal jene Probiergläser anschauen, wie sie lange

Schaumwein — Riesling — Allrounder Weinglas — jüngerer Rotwein

auch bei professionellen Verkostungen und Versteigerungen in den Weinbaugebieten zum Einsatz kamen. Aus solch einfachen, bis zum Rand gefüllten Kelch- oder Bechergläschen würde heute kein Profi mehr freiwillig trinken!

Auf die Spitze getrieben wurde die Entwicklung hin zum Guten und Schönen in den Sechzigern und Siebzigern des 20. Jahrhunderts. Vor allem ein österreichischer Hersteller machte sich in dieser Hinsicht verdient. In einer Zeit, als dickwandige Industriegläser auch wohlhabenden Weintrinkern genügten, komponierte er Neues. In seiner Manufaktur entstanden feine, elegante und dünnwandige Gläser, welche die Aromen kostbarer Kreszenzen schon allein ihrer Form wegen perfekt zur Geltung brachten. Von nun an wurde es selbstverständlich, dass sich Weingläser nach oben hin verjüngten und nicht mehr gerade abschlossen oder gar nach außen hin weiteten. Und nicht nur das: Weingläser wurden von nun an auch auf einzelne Weintypen zugeschnitten. Bald gab es Gläser speziell für schwere Rotweine und für leichte Pendants, für Riesling oder für kraftvolle Weiße vom Burgundertyp. Auch Champagner und Sauternes bekamen speziell angepasste Formen zugesprochen.

Ein Nebeneffekt der neuen Glasgestaltung waren die langen Stiele. Früher war so etwas nur unter großen Mühen herzustellen, die Halbwertzeit eines derart gefertigten Glases war ohnehin gering. Weder in Privathaushalten noch in der Gastronomie war an die mundgeblasenen, handwerklich produzierten Kostbarkeiten zu denken. Doch auch wenn die alleredelsten Ergebnisse nach wie vor teuer und fragil blieben, so erlaubten in der zweiten Hälfte des 20. Jahrhunderts moderne Verfahren auch die maschinelle Herstellung durchaus passabler Weingläser, die oft nur beim genauen Hinsehen von ihren allerfeinsten Varianten zu unterscheiden waren. Sie alle freilich, die kostbaren wie die einfachen, verlangen eine gewisse Aufmerksamkeit. Beim Polieren und Aufstellen selbstverständlich, aber vor allem: beim Benutzen. Sie schnöde am Kelch zu packen, gilt zu Recht als brutal und wenig kenntnisreich. Als Gastgeber sollte niemand sich zu solcher Praxis verleiten lassen, denn mal abgesehen vom Duft des

älterer Rotwein   Pilstulpe   Wasser

Weins, der durch die nahende Hand und etwaiges Parfum beeinflusst werden könnte, wirken Fingerabdrücke auf dem Glas alles andere als attraktiv. Abgesehen davon: Ein allzu fest umschlossener Kelch, ist der Trinktemperatur des Weins nicht unbedingt zuträglich. Aus ähnlichen Gründen konnten sich die stiellosen Weingläser, vor ein paar Jahren als Trendgerät für Einsteiger gepriesen, hierzulande nie wirklich durchsetzen. Allenfalls beim Picknick am Flussufer toleriert der ein oder andere deutsche Genießer so einen „Becher".

Übrigens: Dass es sich nicht gehört, Gäste zurechtzuweisen, die sich aus Unwissenheit nicht an die Regeln halten, versteht sich natürlich von selbst. Der gute Gastgeber ist schließlich kein Oberlehrer!

Welches Glas für welchen Wein?

Der Glasproduzent aus dem deutschen Nachbarland sollte nicht der einzige bleiben, der sich mit speziell gefertigten Behältnissen empfahl. In den berühmtesten Restaurants, in gut geführten Weinbars und bei Sammlern, die liebend gern ihr Geld für Qualität ausgeben, wurden in den letzten 40 Jahren die Vitrinen immer voller. Zahlreiche Hersteller wie beispielsweise Zalto erreichten – durchaus berechtigt – Popularität; die in Frankreich erfundene Serie namens Impitoyables machte mit futuristischen Formen von sich reden, setzte sich jedoch auf breiter Front mit ihren allzu gewagten Kreationen kaum durch. Nicht alle Weintrinker mögen von Vertrautem lassen – warum auch, wenn sich dieses bewährt hat? –, eine oft schlechte Praxistauglichkeit kam dazu. Aber auch ohne Gestaltungsexzesse wurde die Vielfalt immer größer. Wer mag, kann heute Weingläser kaufen, die speziell für Chianti vorgesehen, die auf jungen Chardonnay oder reifen Riesling abgestimmt sind. Solche für Syrah von der Rhone sind verfügbar, jene für roten Burgunder bieten oft besonders viel Volumen, und mit Bordeaux be-

Serviertemperaturen

5–7 °C   5–7 °C   7–9 °C   12–14 °C

fassen sich die Produzenten besonders gern. Sogar Portwein-Fans, Madeira-Adepten und Sherry-Liebhaber müssen nicht darben, und wer anschließend in die Welt der Brände einsteigen will, der kann sich für alle möglichen Spirituosen die maßgeschneiderten Gläser anschaffen. Eine bunte Welt der Trinkgefäße!

Ob das allerdings alles sein muss, ob man nicht die Lagerkapazitäten und das Bankkonto überdehnt, ob Gäste nicht auch aus einem „Allzweckglas" – es gibt ja auch welche jenseits der Senfgläser! – trinken können, steht auf einem anderen Blatt. Die professionellen Erfinder haben die Zweifel längst erkannt, machen auf mehrfache Verwendungsmöglichkeiten aufmerksam und haben sogar „Eines-für-alles-Gläser" geschaffen. Eine gute Idee? Vielleicht praktisch, aber auch langweilig? Die Wahrheit liegt in der Mitte. Und was die Menge pro Sorte angeht, sind eh keine Regeln möglich. Wer häufig größere Gesellschaften empfängt, sollte an wenigstens acht Gläser einer Art denken, in Haushalten mit weniger Gästen sollten vier genügen. Unverzichtbar für gelungenen Genuss sind folgende Gläserarten:

1. Sekt- und Champagnerglas.
   Mit dem Moussierpunkt, versteht sich!

Man muss es nicht haben, jenes Glas, das für große und etwas weniger große schäumende Weine vorgesehen ist. Champagner der Stufe Prestige Cuvée und Vergleichbares aus anderen Regionen und Ländern lässt sich auch aus voluminösen Weißwein-, sogar aus Rotweingläsern trinken. Einfachere, schlankere, säurebetontere Sorten dagegen machen sich oft gut in Gläsern, die man auch für nicht-schäumenden Riesling vorgesehen hat. Nur haben die allermeisten dieser Gläser keinen eingeritzten Moussierpunkt, es prickelt lediglich unsichtbar, und viele Konsumenten sind irritiert. Allein aus diesem Grunde lohnt sich die Anschaffung eines guten, bloß nicht zu kleinen Schaumweinglases. Was hingegen die Sektschalen angeht, die ganz früher kaum wegzudenken waren von Partys und aus Restaurants: Sind noch welche im Schrank, als Erbstücke, kann man sie getrost als nostalgischen Hingucker einsetzen, vor allem für süßen Sekt. Wer über nichts Vergleichbares mehr verfügt, braucht das nicht als Verlust zu empfinden.

14–16 °C | 5–7 °C | individuell | bei hoher Raumtemperatur ca. 2 °C kälter

2. Das Weißweinglas.
   Lieber etwas zu groß als viel zu klein

   Einfache, leichte, aromatisch bescheidene Weine tun sich schwer in Weingläsern mit zu viel Volumen. Die Aromen verfliegen im wahrsten Sinne des Wortes, und weder einen Elbling von der Mosel noch einen Muscadet von der Loire sollte man aus den ganz großen Weißweingläsern trinken, keinen Weißburgunder aus der Pfalz und mit Sicherheit keinen Vinho verde aus Portugal. Andererseits tun sich kraftvolle Weine mit höherem Alkohol und komplexer Aromenstruktur äußerst schwer in kleinen Gläsern, die im Barrique ausgebauten Chardonnays und ganz große Rieslinge erst recht. Lieber eine Spur zu groß als allzu klein – diese aus der Mode bekannte Regel gilt auch für Weingläser. Und zur Not tun es auch gute Schaumweingläser!

3. Rotweingläser, die auch Weißwein zur Geltung kommen lassen

   Was früher undenkbar schien, liegt heute durchaus im Bereich des Möglichen. Man kann auf getrennte Weingläser für die beiden Farben verzichten, sollte aber ein bisschen ausprobieren. Aus einem ursprünglich für Weine der Rebsorte Sangiovese entwickelten Glas lässt sich mit Genuss Riesling trinken, was für roten Burgunder geeignet ist, macht sich häufig auch bei weißem gut. Manche Glashersteller bieten auch speziell Gefertigtes für große Rotweine an, die mit kraftvollen dunklen Weinen aus den verschiedensten Sorten und Gebieten der Erde zurechtkommen. Fazit: Mit drei unterschiedlichen Gläsern wird man die gesamte Welt der Weiß- und Rotweine gut abdecken können, natürlich auch der Roséweine – falls man sich nicht sogar der Einfachheit halber für ein Universalglas entscheidet.

Longdrink   Tumbler   Martini   Digestiv/Allrounder

4. Süßwein. Ein Glas für Aficionados

Sauternes, Port, deutsche Beerenauslesen und Madeira sind nicht gerade mainstreamfähige Getränke, bleiben Liebhabern vorbehalten, machen aber verdammt viel Spaß. Vorausgesetzt, sie werden nicht aus falschen Gläsern getrunken. Leider ist gerade dies in vielen Fällen ein Problem, denn nicht nur Gastronomen, sondern auch private Gastgeber glauben oft, dass ein sehr kleines Glas angemessen ist – schließlich würden die süßen Weine ja eh nur in überschaubaren Mengen konsumiert. Ein Fehler. Je winziger nämlich das Glas, desto weniger kann sich die oft grandiose Aromatik der Süßweine entfalten. Reife Sauternes passen gut in ein großes Weißwein-, oft aber noch besser in ein erstklassiges Schaumweinglas. Nicht eines mit schmalem, hohem Kelch, sondern ein bauchiges mit filigraner Verarbeitung, oben zulaufend. Für Süßweine, die nicht im Holz ausgebaut wurden, sind etwas kleinere, aber nie mickrige Weißweingläser optimal, aus denen im Übrigen auch die meisten Portweine und selbst trockene Sherrys gut zur Geltung kommen. Spezielle Sherry- und Portgläser sind zwar angenehm, aber keine Verpflichtung.

5. Cognac und Himbeergeist – Vorsicht vor dem Alkohol!

Wo man tatsächlich nicht um Glasspezialitäten herumkommt, ist der Schnaps. Alles, was deutlich Alkohol aufweist – oft schon ein wenig über 20 Volumenprozenten –, ist aus den üblichen Weingläsern selten adäquat zu genießen. Zu schnell steigt bei den meisten der Alkohol in die Nase, während die übrigen Aromen zu kurz kommen. Beratung in einem guten Glasgeschäft ist unverzichtbar, aber zum Kauf von Bechergläsern sollte man sich auf keinen Fall verführen lassen und den Erwerb von Schwenkern strikt ablehnen. In denen gibt nämlich auch robuster Cognac selten eine gute Figur ab, Handwärme und Fingerabdrücke machen den Genuss aus solchen gläsernen Antiquitäten vollends unattraktiv.

Obstbrände/Grappa   Likör/Aquavit   Digestif/Liköre

Teuer ist nicht immer gut
Eine kleine Geschichte der Luxusprodukte

Viel Geld für wenig Essen auszugeben, ist eine der leichtesten Übungen. Delikatessengeschäfte halten eine Fülle an teuren und teuersten Zutaten, Halb- und Ganzfertigprodukten bereit, die edelsten Kaufhäuser versuchen mitzuhalten, und wer sich im Internet umsieht, kann bei Spezialversendern alles ordern, was sich an Fleisch und Fisch, an seltenen Krustentieren, Würzmitteln und Exotika nur vorstellen lässt. Es gibt nichts, was es nicht gibt – aber nicht alles ist auch tatsächlich qualitativ gut. Nur weil der Preis hoch ist, muss die geschmackliche Relevanz noch lange nicht überzeugend ausfallen. Und manchmal sind Alternativen, die nur einen Bruchteil dessen kosten, sehr viel spannender. Einfach nicht von Moden, Trends und der Werbung ablenken lassen!

Luxus im Wandel der Zeiten

Ein Blick in die Vergangenheit zeigt, dass es immer in der Geschichte Zutaten gab, deren Wert und Ansehen schwankten. Das Verhältnis zwischen Angebot und Nachfrage hatte zwar häufig eine Bedeutung, aber linear verliefen die Entwicklungen nicht immer. Manches Luxusprodukt verdankt Ruhm und Preis einigen wenigen gewitzten Importeuren, gewieften Gastronomen oder schlicht dem Zufall. Bei anderen lässt sich genau nachvollziehen, wie sie im Lauf der Jahrhunderte vom missachteten Massenprodukt zur Delikatesse emporkletterten und dann wieder den umgekehrten Weg nahmen. Und einige potenziell attraktive Schmankerln sind bislang nicht zu Ruhm gelangt – trotz guter Ansätze, feinstem Geschmack und einer limitierten Verfügbarkeit. Zu denen, die das Zeug gehabt hätten, es auf die Speisekarten der Luxushotels zu schaffen, gehört der Schneckenkaviar, jene Eier, die an Kaviar erinnern, aber eine andere Farbe und Größe haben. Der deutsche Koch Hans-Peter Wodarz stellte sie einst in seinem Wiesbadener Restaurant Die Ente vom Lehel vor, und weil kaum ein anderes Lokal seinerzeit mehr im Trend lag als dieses, stürzte sich die Presse auf die vermeintliche Neuigkeit. Doch der Zauber währte nur kurz, die Schneckeneier schafften es nicht auf die Agenda der internationalen Feinschmecker, von der auch der Biberschwanz verschwunden ist. Sternekoch Gerhard Gartner servierte diesen in den Achtzigerjahren in seinem Aachener Restaurant Gala, weil er gezielt heimische Produkte in Szene setzen wollte. Gartner war seiner Zeit voraus, allerdings so weit, dass sich gegarter Biber als arg kurzfristige Angelegenheit entpuppte. Königskrabbenstücke in der Dose, als Kamtschatka-Krabben bekannt geworden, schmecken noch heute vor allem nach: nichts. Sie zählten aber in den Achtzigern zu den Pseudo-Delikatessen. In dieser Funktion hatten die Königskrabben irgendwann den Hering in Gelee der Siebziger abgelöst. Heute gelten Dry Aged Beef und das stark marmorierte Kobe oder Wagyu Beef bei vielen als ultimative Delikatessen – auch jenseits besonderer Feiertage und Anlässe.

Kaviar für die Ewigkeit

Eine Köstlichkeit, die sich dagegen über die Zeit gerettet hat, ist gräulich-schwarz und seit geraumer Zeit dabei, ordentlich Karriere zu machen. Dabei hätte es dem Kaviar der unterschiedlichen Störarten – von Huso huso, wie der Beluga auf zoologisch korrekte Weise beschrieben wird, bis zu Acipenser persicus, der als Asetra auf den Markt kommt – auch so ergehen können, wie es vielen anderen Fischrogen erging. Er hätte ein normales Nahrungsmittel bleiben können, mit viel Salz konserviert, als Alltagszutat oder Würzmittel genutzt, ähnlich wie der in Südeuropa seit Urzeiten genutzte Rogen von Karpfen, Kabeljau, Hering & Co. Die kurz Tarama genannte Creme auf der Basis von Rogen darf ja auch heute noch auf keinem griechisch inspirierten Vorspeisenteller fehlen, und den getrockneten Meeräschenrogen namens Bottarga kann man in Scheiben schneiden und in Vorspeisen verarbeiten oder als Würze über Pasta hobeln; nur das Renommee des Kaviars, des echten, geht diesen eher rustikalen Produkten völlig ab. Doch auch der Störkaviar hatte Höhen und Tiefen. Eine Weile lang wurde er, beispielsweise in New Yorker Kneipen, als billiger Snack gereicht, auch wenn das schon über 100 Jahre her ist. Wer sich die Speisekarten von früher anschaut, wird Kaviar vielfach entdecken und dies zu einem durchaus erschwinglichen Tarif. Das Hotel Imperial in Wien reiht ihn, nur ein Beispiel, im Jahr 1925 preislich zwischen der kalten Aufschnittplatte und der Krebsmayonnaise ein. Hering aus der Ostsee und gegrillter Speck waren preiswerter, für den frittierten Karpfen musste man dagegen mehr ausgeben.

Nach dem Fangmoratorium im Kaspischen Meer kam der Kaviar erneut aus der Mode, bevor er in den vergangenen Jahrzehnten ein Comeback erlebte. Kaviar aus Zuchten in aller Welt ist wieder eine gefragte Delikatesse, sowohl in der First Class der Fluggesellschaften, die ihn inzwischen meist nur in homöopathischen Dosen servieren, als auch in Form einer exklusiven Zutat der Sternegastronomie. Ein Klecks Kaviar als Supplement zum Tatar von Kaisergranat beeindruckt durch sein Flair auch den erfahrenen Gourmet. Ob sein Preis gerechtfertigt ist, der bei ganz exklusiven Sorten auch schon mal 4000 Euro und mehr pro Kilogramm betragen kann, darf jeder selbst entscheiden.

Auch beim Lachs gab es ein Auf und Ab. Zu Zeiten, in denen es in den großen Flüssen nur so wimmelte von ihnen, hielten sich Preis und Renommee des Fisches in Grenzen. Später entwickelte sich der Räucherlachs zur Delikatesse, und nach dem Verschwinden der Lachse aus den großen europäischen Flüssen wurde der im Meer gefangene und geräucherte Wildlachs zu einer Kostbarkeit. In den Sechzigern und Siebzigern des vergangenen Jahrhunderts fand man ihn auch auf den Speisekarten so manch französischen Zwei- oder Drei-Sterne-Restaurants. Nachdem die Lachszuchten in Norwegen und Südamerika zur Boomindustrie aufgestiegen waren, gingen auch Ansehen und Preise von Räucherlachs in den freien Fall über. Ihn heute als Delikatesse zu vermarkten, gelingt oft nur mithilfe einer besonderen Herkunft oder einer mythisch wirkenden Geschichte, also bei Wildlachs oder dem Balik-Lachs aus der Schweiz. Zur Ehrenrettung der Lachszucht sei allerdings noch erwähnt, dass es zwischenzeitlich hervorragende Aquakulturen gibt, die nicht zu vergleichen sind mit den „Schweine-des-Meeres-Anlagen" der Achtziger- und Neunzigerjahre.

Trüffel, Stopfleber und die Sache mit der Nachhaltigkeit

Oft teurer als Kaviar und Räucherlachs waren auf den Speisekarten des späten 19. und des frühen 20. Jahrhunderts Krustentiere wie Krebse und Hummer, frische Fische wie Seezungen und Steinbutt sowie die Gänsestopfleber in kalter und warmer Verarbeitung. Der Transport von Meeresfisch ins Landesinnere war aufwendig, was die stolzen Tarife durchaus erklärt. Auch für die gehobenen Stopfleberpreise lassen sich Argumente finden. Die Geschichte der besonders fetthaltigen Leber begann schon im alten Ägypten, wo Köche und Gourmets den speziellen Geschmack von Fettlebern erkannten – den von natürlich vollgefressenen Zugvögeln und jenen von vorsätzlich gemästeten. Auch die Römer schätzten die gestopften Lebern, die bis heute nicht wegzudenken sind aus vielen gehobenen Restaurants, sofern sich diese an der französischen Esskultur orientieren. Die luxuriösen Preise im Ein- und Wiederverkauf sind mit dem Aufwand in der Produktion zu erklären, aber auch damit, dass viele Gäste eben das Besondere suchen, dass sie sozusagen geeicht sind auf die historische Wertschätzung klassischer Delikatessen. Stopfleber im privaten Rahmen anzubieten, ist dennoch heikel, denn unter Tierschutzaspekten war die Sache noch nie vollends zu rechtfertigen, und nachhaltige Ernährung ist heute ein wichtigeres Thema denn je.

Was die Trüffel angeht, wird dagegen niemand über die Sammelbedingungen klagen. Allerdings sind die Erntemengen der Schwarzen Trüffel (Tuber melanosporum) in den letzten 100 Jahren deutlich zurückgegangen. Eine ganze Trüffel im Teig- oder Aschemantel, wie sie in der ersten Hälfte des 20. Jahrhunderts auf manchen Speisekarten stand, wird man heute kaum noch finden. Zu astronomisch sind die Preise für diese Rarität geworden – auch wenn die australischen Zuchten einen Teil des Marktes erobert haben. Vergessen sollten Gourmets über dem Ruhm der Wintertrüffel nicht die übrigen Arten. Sommer- bzw. Burgundertrüffel (Tuber aestivum/Tuber unicatum) kann ebenfalls ausgezeichnet schmecken und einen beachtlichen Duft ausströmen, kostet aber deutlich weniger als Tuber melanosporum. Noch teurer als selbige ist regelmäßig die weiße Trüffel, lateinisch Tuber magnatum. Ein Risotto mit fein gehobelter Albatrüffel kann tatsächlich großartig schmecken, aber ob es nicht ebenso viel Spaß macht, frische Morcheln in den Reis zu rühren oder einen alten Parmigiano über die Pasta zu reiben, darf man diskutieren. Dass Trüffelöl nur dann eingesetzt werden sollte, wenn es von höchster Qualität ist, steht fest; der Geschmack dieser Zutat ist sonst in den meisten Fällen allzu penetrant. Es handelt sich hierbei um eine jener sogenannten Delikatessen, die sich bei genauem Hinsehen als überschätzt erweisen.

Die verkannten Delikatessen

Manche Zutaten mögen zwar selten sein, aber nicht zwingend teuer. In der Regel schmecken sie sogar besser als einige der „offiziellen" kulinarischen Kostbarkeiten. Maronenröhrlinge, Steinpilze und Herbsttrompeten sind durchaus bezahlbar und weisen dabei eine kaum zu übertreffende Geschmacksfülle auf, wenn die Qualität stimmt. Äpfel aus alten Sorten wiederum können Enthusiasmus auslösen bei allen, die bislang nur den faden Einheits-Goût von Supermarktfrüchten kannten. Brot eines erstklassigen Bäckers gehört zu den größten und gleichzeitig erschwinglichsten Lebensmitteln, die man sich leisten kann (und sollte); auch der berühmteste Käse ist selten exorbitant teuer. Camemberts kleiner Manufakturen, ein erstklassiger Roquefort oder alter Sbrinz liegen zumeist im Budget. Und manchmal entstehen dank sorgfältiger Planung und eines guten Marketings auch neue Delikatessen. Ein Schweizer Produzent hatte vor ein paar Jahren die grandiose Idee, aus Frischkäse und Pfeffer eine Kugel zu formen und diese im getrockneten Zustand als Belper Knolle zu verkaufen. Das Ergebnis lässt sich, ähnlich einer Trüffel, über frische Pasta oder ein Risotto aus spanischem La-Bomba-Reis hobeln und kann als vergleichsweise günstige Alternative zu allen erhältlichen Tuber-Sorten eingesetzt werden. Auf die richtige Weise erklärt und serviert, schlägt eine solche Neo-Delikatesse auch fast eines der berühmtesten Luxusgerichte aller Zeiten: die Tournedos Rossini. Wer die Kombination aus Rinderfilet, Gänsestopfleber und Trüffel erfunden hat, ob es der legendäre Marie-Antoine Carême war oder der Pariser Koch Casimir Moisson, ist nicht abschließend geklärt, aber schmecken tut dieses nach dem Komponisten Gioachino Rossini benannte Gericht ganz zweifellos immer noch ungemein gut.

Spitzenqualität braucht Zeit

Respected by Gaggenau – eine kulinarische Initiative

Ein Kilo Schweinefilet unter 10 Euro, französisches Black Angus für weniger als 3 Euro je 100 Gramm. Wie lassen sich solche Preise erklären? Massenproduktion macht es möglich. Vieles, gerade im Lebensmittelbereich, ist heute dadurch bezahlbar. Convenience Food gehört zum Mainstream; eine noch effizientere Technisierung in den anderen Bereichen macht vieles erschwinglich, was sich früher kaum jemand leisten konnte. Die Kehrseite der Medaille: Das Ganze geschieht auf Kosten der Qualität. Ganz abgesehen davon, dass traditionelle Fertigungsmethoden in den Hintergrund gedrängt werden.

Glücklicherweise gibt es immer mehr Menschen, die Spitzenqualität schätzen, die Respekt haben vor Landwirten, deren Leidenschaft beispielsweise der Aufzucht seltener Rinderrassen oder dem Anbau besonderer Getreidearten gilt. Menschen, für die der Begriff Handwerk, das über Generationen hinaus reicht, immer noch eine besondere Bedeutung hat. Und die wissen, dass dazu etwas Spezielles nötig ist: Zeit. Eine hohe Qualität lässt sich nämlich nur erreichen, wenn fachmännische Expertise auf Sorgfalt treffen darf. Etwas in Spitzenqualität, mit Liebe zum Detail, zu entwickeln und herzustellen, geht nicht über Nacht.

Die kulinarische Initiative „Respected by Gaggenau" beinhaltet genau diesen Ansatz. Speziell der Erhalt traditioneller Fähigkeiten mit Fokus auf herausragende Qualität ist Kern der globalen Kampagne, die erstmals zu Beginn des Jahres 2019 der Öffentlichkeit vorgestellt wurde. Hochwertige Nahrungsmittel ebenso hochwertig zu verarbeiten, ist ein Anliegen von Gaggenau. Raffinierte Rezeptvorschläge für Gerichte, wie sie für dieses Buch sorgfältig entwickelt wurden, lassen sich leichter perfektionieren, wenn dafür auch die geeigneten Helfer wie ein innovativer Gaggenau Backofen oder Dampfbackofen der neuesten Generation zur Verfügung stehen. Alles, was in den verschiedenen Kapiteln – von Vorspeisen bis zu den Desserts – als Anregung für Kulinarisches dient, wurde bereits im Voraus getestet und in Gaggenau Geräten zubereitet. Denn nur so kann schließlich gewährleistet werden, dass alles garantiert gelingt!

> Die Konzentration auf die Bedeutung des Wortes Respekt hebt die Botschaft hervor, die im Konzept mitschwingt: die Notwendigkeit Einzigartiges zu schützen, zu erhalten und zu kultivieren.

Der passende Rahmen für guten Geschmack
Raum für Genuss – der Gaggenau Showroom
in München-Bogenhausen

Dass Gegensätze sich im besten Fall anziehen, ist hinlänglich bekannt. Und wie gut konträre Materialien harmonieren, zeigt sich zweifellos im Münchner Showroom von Gaggenau. Hier trifft warmes Holz auf kühlen Edelstahl, steht modernes Interieur Design vollkommen natürlich neben rustikalen Baumstämmen, hängt eine traditionelle Kuckucksuhr ganz selbstverständlich neben zwei innovativen High-Tech-Backöfen.

Seit Gaggenau mit seinem Genuss-Atelier im Stadtteil Bogenhausen ansässig ist, erfreut sich der Veranstaltungs- und Ausstellungsraum großer Beliebtheit. Hier erfahren Interessierte alles Wissenswerte um die Hausgeräte, und zugleich können „Probefahrten auf Gaggenau" vorgenommen werden. Wie funktioniert der neue Dampfbackofen? Wie lässt sich Wein am besten lagern und temperieren? Wie gart es sich eigentlich „sous-vide", was ist dabei zu beachten? Diese und mehr Fragen beantworten die Profis in Sachen Koch- und Weinkultur. Quasi „live und in Farbe" kocht, isst und trinkt man während der unterschiedlichsten Events mit Sterneköchen aus renommierten Restaurants in Deutschland und sogar darüber hinaus. Namhafte Winzer stellen die passenden Weine dazu vor, ausgezeichnete Sommeliers geben Tipps für edle Getränke.

Wer einfach nur mehr erfahren möchte über die Gaggenau Geräte und das Unternehmen selbst, ist hier ebenfalls am richtigen Ort. Auf 220 Quadratmetern gibt es einen Einblick in die Tradition des Herstellers und in die Firmengeschichte, die in einem kleinen Ort im Schwarzwald im Jahr 1683 ihren Ursprung hat. Die breite Palette der international vielfach prämierten Kücheneinbaugeräte steht zum Ausprobieren bereit, Kochtrainer beantworten sämtliche Fragen rund um alles, was Gaggenau an Produkten bietet.

Wie kaum eine andere Marke prägt das Unternehmen die Genusskultur; es steht für Ästhetik, Design und Perfektion. Längst hat sich der Ausstellungsraum als Flaggschiff der Marke in München etabliert und binnen kürzester Zeit als Atelier einen Namen gemacht, in dem sich renommierte Kochkünstler in privater Atmosphäre über die Schulter blicken lassen. Spitzenköche und Topwinzer schaffen im Showroom Momente, in denen die Gäste das Lebensgefühl der Haute Cuisine genießen und kulinarische Sinnlichkeit erleben können.

Die Gestaltung, umgesetzt vom Münchner Architekturbüro 1zu33, berücksichtigt die unterschiedlichen Anforderungen an den Showroom. Die Glasfassade sorgt gebäudetechnisch bereits für eine lichte Atmosphäre, die deckenhohen Douglasienstämme vor der Fensterfront verbinden mit der Natur. Darüber hinaus erinnern sie an den Ursprungsort von Gaggenau: den Schwarzwald. Die Bauhaus-Maxime „form follows function" prägt wie das Design der Geräte auch das gesamte Innere des Raums. Echtholz-Elemente im Küchenbereich setzen mit ihren warmen Farben in den lichtdurchfluteten Räumen einen Kontrapunkt zu den matt anthrazitgrauen Oberflächen der Einbaumöbel. So kommt die Ästhetik der Gerätekombinationen aus Edelstahl und Glas besonders gut zur Geltung. Das Lichtsystem von Occhio ist sorgfältig abgestimmt auf ein harmonisches Raumkonzept. Im Arbeitsbereich der Küche mit ihrer sechs Meter langen, funktionalen Arbeitsfläche aus Edelstahl bedarf es einer hellen und

blendfreier Qualität. Über der langen Tafel, an der bis zu 20 Personen Platz finden, braucht es eine stimmungsvolle Beleuchtung, wenn das Tageslicht bei einer Veranstaltung nicht oder in der Dämmerung und am Abend nicht mehr ausreicht. Hängelampen, die nach Bedarf gedimmt werden können, sorgen dafür, dass sich niemand wie im Scheinwerferlicht fühlen muss. Die lange Tafel und die bequemen Sitzmöbel von Walter Knoll sorgen nicht zuletzt dafür, dass auch bei längeren Events der Komfort nicht zu kurz kommt.

Wie ein roter Faden zieht sich auch im Genuss-Atelier der Manufakturgedanke durch. So wird das reduzierte Gestaltungskonzept ästhetisch abgerundet durch meisterhaftes Geschirr von Hering, der authentischen Berliner Porzellanmanufaktur, und vollendet durch mundgeblasene Gläser von Zalto. Klassisch modernes Besteck von Robbe & Berking komplettiert den gedeckten Tisch. Das reduzierte Tischdekor lässt durch seine schlichte Form genügend Raum für die Präsentation der Speisen und Getränke. Denn Mittelpunkt des Ganzen ist auch im Showroom immer der Mensch. Entscheidend bei allem ist, dass sich die Gäste während der regelmäßig stattfindenden Veranstaltungen in einem angenehmen Ambiente wohlfühlen. Die technischen Geräte erfüllen dabei im Hintergrund unauffällig und präzise ihre Aufgaben. Sie sind die „Assistenten" für die Profis, die mit ihnen ihre Kochkunst zelebrieren. So weist der Showroom eher beiläufig auf die breite Palette der Küchengeräte für den privaten Bereich hin. Die Architektur des guten Geschmacks erschließt sich dadurch vom Gebäude über die Ausstattung bis zur Kulinarik konsequent, mit hohem Anspruch an Perfektion und Genuss.

Echte Helfer bei Tisch

Von Fingerschälchen bis Platzteller

Mit den Fingern zu essen, hat durchaus Vorzüge. Viele in der nordafrikanischen Küche bewanderte Gourmets werden bestätigen, dass es alles andere als unpraktisch ist, Couscous zu Bällchen zu formen, mit etwas Fleisch und Sauce zum Mund zu führen und dies ohne Besteck zu erledigen. Und was wäre, in den USA wie in Mitteleuropa, ein Hamburger, den man mit Messer und Gabel isst statt mit den Händen? Nur der halbe Spaß! Echte Fans der amerikanischen Brötchenkultur geben zwar zu, dass es manchmal klebrig wird und sich Fettflecken nie ganz vermeiden lassen, weigern sich aber entschieden, frittierte Hähnchenflügel und Pommes frites anders zu verspeisen als mit den Fingern. Auch viele mexikanische Gerichte sind wie gemacht, um sie ohne Werkzeuge zu essen. Fajitas etwa lassen sich ohne Zuhilfenahme der eigenen Gliedmaßen gar nicht füllen und zusammenklappen, weshalb in einschlägigen Lokalen gleich Reinigungstüchlein serviert werden.

Die Fingerschälchen wiederum, die vor Erfindung dieser industriellen Hilfsmittel gebräuchlich waren, sind oft nur noch in der feinen Gastronomie zu finden. Sie werden immer dann auf den Tisch gestellt, wenn es Austern gibt, Garnelen mitsamt der Schale – die sich nur mit Fingern einigermaßen sinnvoll aus selbiger befreien lassen – oder tapasartige Snacks, wie sie auch jenseits der spanischen Restaurantszene in Mode gekommen sind. In so manchem Gourmet-Etablissement wird der Gast inzwischen aufgefordert, die als Grüße aus der Küche angereichten Happen mit Daumen und Zeigefinger zu fassen und direkt zum Munde zu führen. Weil so etwas den tradierten Sitten oft widerspricht, bedarf es in solchen Fällen immer einer klitzekleinen, fast unmerklichen Selbstüberwindung – zumindest für Mitteleuropäer.

Sobald Hühnerkeulen auf dem Menüplan stehen und Lammkoteletts gereicht werden, entbrennt häufig eine Diskussion: mit oder ohne? In solchen Fällen gehen die Meinungen auseinander, ob man Besteck nutzen und damit die Knochen freilegen oder mit Händen und Zähnen arbeiten sollte. Um die zweitgenannte Möglichkeit zumindest anzuregen, dekorieren Köche und Gastgeber die Knochen in solchen Fällen mit Papiermützchen und reichen sicherheitshalber auch hier Fingerschalen, also Wasser, mit frischer Zitrone angereichert und am besten lauwarm.

Es spricht sogar manches dafür, nach deftigen Fleischgerichten in jedem Fall Reinigungsschalen anzubieten, vielleicht sogar nach jedwedem Essen. Brot wird ja mit der Hand gebrochen, ein Kontakt mit Butter oder Olivenöl wird sich kaum verhindern lassen, beim Anreichen und Zurücklegen von Speisen kommen Krümel und Flüssigkeiten in die Quere. Wie schön, sich zwischendurch die Finger zu reinigen, die Hände zu erfrischen!

Dass sich die Hände auch anders säubern lassen, wird spätestens in jenem Moment einleuchten, wenn an Bord einer Fluggesellschaft oder in einem gehobenen asiatischen Restaurant ein warmes, feuchtes Tuch gereicht wird. Im besten Falle einmal vor dem Menü und einmal danach, denn schließlich ist beides sinnvoll: die Hände vor dem ersten Bissen zu reinigen und danach von Fett und anderen Essensspuren. Hier und da haben Gastronomen auch in gut geführten europäischen Lokalen erkannt, wie attraktiv und aufmerksam solche Darreichungen wirken. An der heimischen Tafel ist so was an Stil eh nicht mehr zu überbieten. Ein paar nicht zu dicke, nicht zu große Handtücher anfeuchten, im Dampfbackofen bei 70 °C und 100 % Feuchte für 3 bis 4 Minuten erwärmen (sie sollten nicht so heiß sein, dass sich jemand die Finger verbrennt!) und eventuell mit Zitronenscheiben und Rosmarin, einem Hauch von Eisenkraut oder Orangenblüten aromatisieren.

Buttermesser　　　Vorspeisenbesteck　　　Suppenlöffel　　　Fischbesteck mit Gourmetlöffel

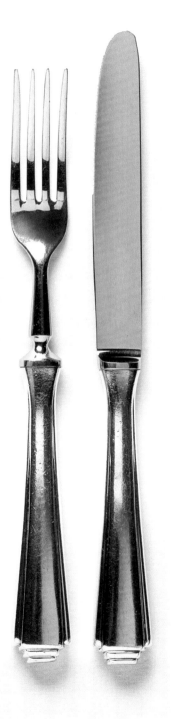

Hauptgang · Dessert

Silberbesteck, das in Tüten verpackt in der Vakuumierschublade eingeschweißt wird, läuft nicht an.

Gabeln, Messer und vielleicht noch Stäbchen

Sollen es nicht oder nur teilweise die Hände sein, mit denen gegessen wird, dann führt an Besteck kaum ein Weg vorbei. Das heutige Dreierlei von Gabel, Messer und Löffel war allerdings keineswegs immer in der Geschichte der Esskultur selbstverständlich. Galten Messer schon sehr früh als unumgänglich, um große Stücke Fleisch zu zerteilen, bedeutete dies noch lange nicht, dass auch jeder einzelne Esser eines zur Verfügung gestellt bekam. Die grobe Arbeit wurde in der Antike gern in der Küche oder von Helfern am Tisch erledigt. Ohne Löffel ging es selten, nur die Gabel tat sich schwer in der Geschichte der Menschheit. Zwar nutzten schon die Römer bisweilen ein vergleichbares Gerät, aber durchgesetzt hat sich die Gabel erst sehr viel später. Wurde ihr Gebrauch im Mittelalter noch verspottet, setzte er sich ab dem 16. Jahrhundert allmählich durch, als Katharina von Medici die Gabel, die in ihrer italienischen Heimat schon gang und gäbe war, nach ihrer Heirat mit dem französischen König Heinrich II. am Hof einführte. Diese Art von Besteck blieb aber noch bis weit ins 19. Jahrhundert hinein alles andere als üblich in breiten Kreisen der Bevölkerung. Wie groß und schwer sie sein soll, futuristisch geformt oder eher klassisch anmutend, mit drei oder vier Zinken, ist das, was heute noch da und dort diskutiert wird – ihren grundsätzlichen Sinn indes bezweifelt zumindest in der westlichen Esskultur niemand.

Asien ist da ganz anders orientiert, auch wenn Unterschiede zwischen den Traditionen Chinas und Japans, Thailands und Koreas zu konstatieren sind – und zu denen in Indien sowieso. In vielen Ländern des Fernen Ostens jedenfalls ist Essen ohne Stäbchen kaum vorstellbar. Tatsächlich nimmt der Mensch Speisen anders wahr, führt er sie mit filigranen Holzstücken zum Mund statt mit schweren Metallgeräten. Warum also nicht mal, jenseits von Sushi und Schweinefleisch süßsauer, Stäbchen eindecken? Doch Vorsicht: Nicht jeder Gast weiß, fachmännisch mit Stäbchen zu hantieren. Da sich bei einer Einladung niemand blamieren soll, empfiehlt sich, Gabel, Messer und bei Bedarf Löffel in jedem Fall einzudecken – auch wenn es den ganzen Abend lang Speisen der kantonesischen oder der Shanghai-Küche gibt!

Accessoires als Ausdruck der Tischkultur

Bleibt noch die Frage offen, wie genau Messer, Gabeln und Löffel in größerer und kleinerer Form am Platz des Gastes untergebracht werden sollen. Lehrbücher des 19. und des frühen 20. Jahrhunderts zeigen viele Beispiele opulent eingedeckter Tafeln. Vier oder fünf unterschiedlich geformte Gabeln links neben dem Teller, vier oder fünf Messer und Löffel rechts, dazu allerlei Bestecke oberhalb des Tellers. Rechnet man noch die Wahrscheinlichkeit hinzu, dass im Laufe eines Essens weitere Gabeln, Messer und Löffel eingedeckt wurden, ist die Wahrscheinlichkeit hoch, dass die Orientierung verlorenging, denn auch geübte Gäste dürften nicht immer gewusst haben, welches Besteck zu welchem Zweck gedacht war. Den immensen Aufwand, für mehrere Gäste zwei Dutzend unterschiedlicher Bestecke vorrätig zu halten, mag man sich kaum vorstellen. Es war eine Zeit, in der auch Spezialwerkzeuge für alle möglichen Gerichte Konjunktur hatten. Austerngabeln, Hummerbesteck, Schneckengabeln, spezielle Käsemesser, nicht zu vergessen Fischmesser und Saucenlöffel. Vieles davon lässt sich mit den großbürgerlichen Traditionen von früher erklären, einiges ist längst überflüssig. Einen ganzen, nicht bereits in der

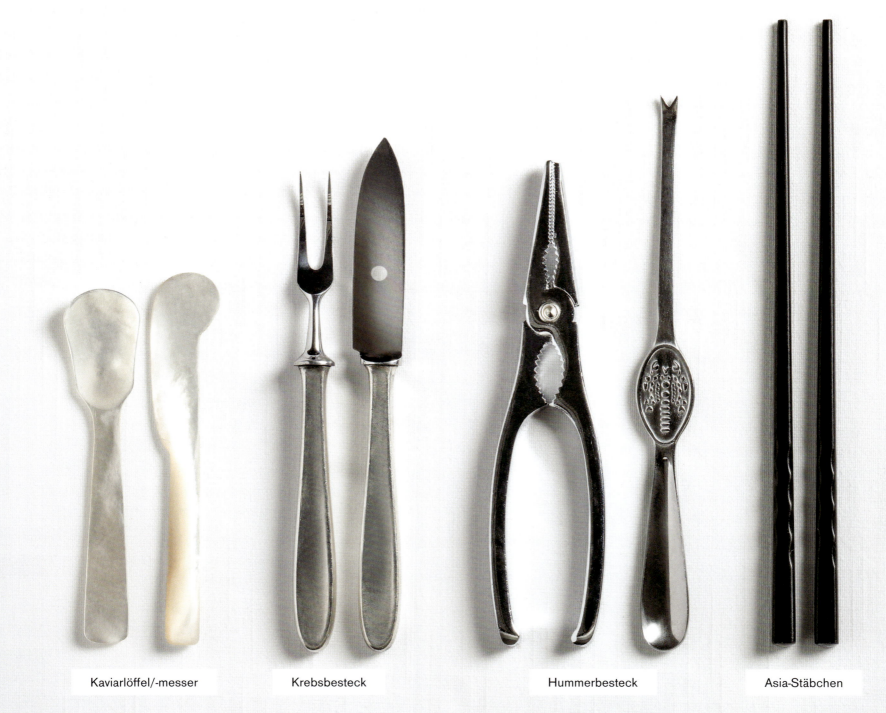

Kaviarlöffel/-messer   Krebsbesteck   Hummerbesteck   Asia-Stäbchen

Küche aus der Karkasse gelösten Hummer wird so schnell niemand servieren, weshalb Zangen und Spieße, um den Inhalt der Hummerbeine zu erreichen, unnötig wurden.

Was notwendig ist, lässt sich ziemlich schnell zusammenfassen: Gabeln und Messer, am besten in etwas kleinerer und etwas größerer Variante, dazu große Löffel für Suppen und etwas weniger voluminöse für Desserts oder das Zwischensorbet. Alles andere ist Spielerei, selbst auf die Kuchengabel kann man gegebenenfalls verzichten. Und was das Fischmesser angeht, scheiden sich die Geister. Die einen schwören auf dieses Besteckteil, weil sich die einzelnen Segmente der Filets von Steinbutt und Seezunge leichter und eleganter voneinander lösen lassen. Die anderen wenden ein, dass festfleischige Fische wie Seeteufel eher mit einem Messer mit scharf geschliffener glatter oder Sägeklinge zerteilt werden können. Fazit: Es geht praktisch immer auch ohne spezielles Fischbesteck, aber schaden tut es nicht.

Krustentiere werden übrigens nie mit Fischmesser eingedeckt – ein Fehler, den auch hochkarätige Restaurants begehen. Ob es zum Fleisch spezielle Steakmesser mit hölzernem Griff und breiter Klinge sein müssen und man hierfür luxuriöse Kostbarkeiten französischer Messerschmieden erwirbt, ist jedem selbst überlassen. Als Faustregel gilt

Steakmesser　　　Schneckenbesteck　　　Austerngabel　　　Latte-Macchiato-Löffel　　　Mokkalöffel

zweierlei: Erstens sind nicht alle Messer und Gabeln tatsächlich fürs angenehme Essen geeignet, liegen bisweilen schlecht in der Hand, kippen bei höherer Belastung um 90 Grad. Also lieber vor dem Einkauf die Probe aufs Exempel machen und nicht ausschließlich nach der Optik gehen! Zweitens sind unter dem fast schon legendären Markennamen Laguiole sowohl ausgezeichnete als auch – bedauerlicherweise – sehr belanglose Messer im Umlauf. Kenner lassen sich in diesem Falle nicht blenden, sondern fragen genau nach Hersteller und Verarbeitung.

Ein Schuss Nostalgie darf sein

Doch was wäre eine zweckmäßig aufgebaute Tafel, auf die lediglich genau das gelegt wird, was unbedingt sein muss? Exakt: austauschbar! Eine persönliche Note ist hilfreich, ein paar Tropfen nostalgischen Charmes machen sowohl Restaurant als auch Privathaushalt unverwechselbar. Saucenlöffel, sogenannte Gourmetlöffel, etwa zeugen durchaus von Stil.

Ganz genauso wie Messerbänkchen, um gebrauchte Messer abzulegen und die Tischdecke zu schonen. Nur noch sehr selten findet man

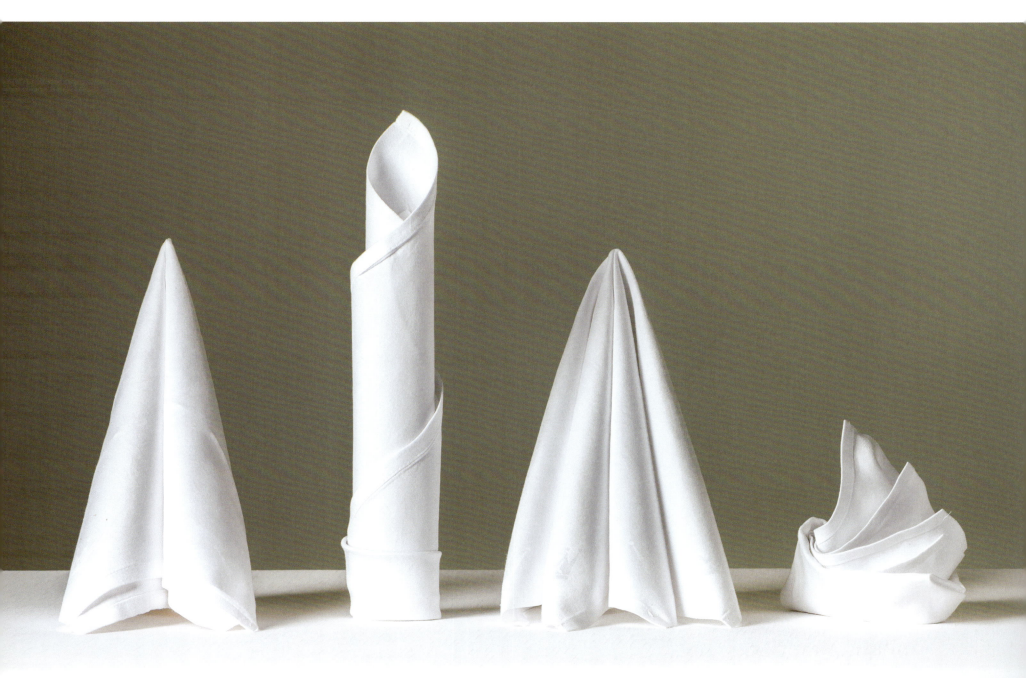

Tafelspitz Kerze Doppelter Tafelspitz Paradiesvogel / Ente

sie auf den Tischen luxuriöser Restaurants oder bei Staatsbanketten. Die Chance, auf Flohmärkten oder in Antiquitätengeschäften einige zu erwerben, ohne sich finanziell zu verausgaben, ist groß, auch bei Haushaltsauflösungen oder Hotelliquidationen sind sie zu finden. Oft zusammen mit Serviettenringen, die ja ebenfalls deutlich seltener genutzt werden, als dies früher der Fall war. Und was die von ihnen gehaltenen Stoffstücke angeht: Die echten Servietten werden zwar häufig von papierenen Varianten abgelöst, besitzen aber immer noch Charme. Nicht nur, um den Mund abzutupfen oder die Hände diskret zu säubern, sondern auch, um die Kleidung vor etwaigen Saucenflecken zu schützen. Kenner verwenden zu diesem Zweck eine Serviettenkette mit Clip, aber diese Accessoires sind inzwischen noch seltener geworden als die erwähnten Messerbänkchen.

Ebenfalls deutlich weniger gebräuchlich sind Platzteller. Große, eher flache Geschirrstücke, mal aufwendig gestaltet, mal schlicht gehalten, die die Tischdecke vor Flecken bewahren sollen, sich aber im Laufe der Zeit eher zu Zierstücken gewandelt haben. In den meisten Fällen werden sie vor dem Hauptgang ausgehoben, allerdings spricht nichts dagegen, sie bis vor oder bis nach dem Dessert stehenzulassen. Vor allem künstlerisch attraktive Platzteller sind es durchaus wert, den ganzen Abend bewundert zu werden. Sie prägen sich, ebenso wie erstklassiges Essen, im Gedächtnis der Gäste ein.

Bischofsmütze · Fächer · Lilie

Wein & Speisen

Was passt wozu am besten?

Als vor einiger Zeit der Gin-Boom seinen Anfang nahm, konnte man beobachten, dass statt der sonst üblichen Zitronenscheibe auf einmal kleine Gurkenstücke oder dünne -scheiben einen Gin Tonic vollendeten. Die klassische Spirituose auf Basis von Wacholder wurde mit sogenannten Botanicals und anderen Zutaten geschmacklich erweitert, und so landete die Salatgurke als Zutat im hippen Drink. Wenn der Gin selbst einen dezenten Geschmack von Salatgurke mitbringt, kann es also nicht schaden, ein Stück davon als Garnitur zu verwenden.

Was hier so wunderbar funktioniert, ist beim Wein allerdings ganz anders. Ist Salatgurke dazu tatsächlich eine der wenigen Kombinationen, die offenbar überhaupt nicht zusammenpassen? Probieren Sie es aus, aber seien Sie gewarnt: Sie werden keinen passenden Wein finden. Keinen, der nicht gegen die so geschmacksneutrale, unscheinbare Salatgurke bestehen kann. Aber warum ist das so?

Ohne Geruch kein Geschmack

Die meisten Menschen kennen das: Wenn die Nase verstopft ist, macht es keinen Spaß etwas zu essen. Das liegt daran, dass wir das meiste, was wir zu schmecken glauben, in Wahrheit riechen. Sobald die Nase mit ihren Rezeptoren nichts mehr wahrnehmen kann, schmecken Erdbeeren eben nicht mehr richtig nach Erdbeeren. Auf der menschlichen Zunge sieht das etwas einfacher aus. Die Rezeptoren dort sind nur für fünf unterschiedliche Geschmackswahrnehmungen ausgelegt: süß, sauer, salzig, bitter. Und umami, der Geschmack von Würze, wie man ihn in Fleisch oder unter anderem in Tomaten findet. In Europa hat man diesen lange ignoriert, weil man nur die Rezeptoren für die bisherigen Grundgeschmacksrichtungen kannte. Erst als Wissenschaftler im Jahr 2000 die entsprechenden Geschmackszellen auf der menschlichen Zunge entdeckten, wurde umami, das die Japaner schon knapp hundert Jahre vorher definiert hatten, auch in der westlichen Welt anerkannt. Inzwischen vermutet man auf der Zunge sogar Rezeptoren für eine sechste Geschmacksrichtung, nämlich fettig.

Nase und Zunge – wenn man ein Gericht oder einen Wein mit allen Komponenten erfassen und genießen möchte, müssen Geruch und Geschmack zusammenspielen, muss man riechen und schmecken. Geht es aber um die Kombination von Essen und Wein, spielen in erster Linie die fünf Geschmacksrichtungen die Hauptrolle. Das Zusammenspiel von süß und sauer, bitter und salzig, fettig und umami gilt als Schlüssel zur Wahl des passenden Weins zum Essen. Völlig egal also, ob der Wein zum Fisch, Fleisch oder Gemüse rot, rosé oder weiß ist, es zählt nur, ob er die wichtigsten Elemente des Gerichts entsprechend aufnimmt, ergänzt oder widerspiegelt.

Kick oder Harmonie

Dabei hat es grundsätzlich mehr Sinn, das Essen auf den Wein abzustimmen statt umgekehrt. Der Wein, wenn er mal in der Flasche ist, lässt sich nicht mehr verändern, eine Speise hingegen kann in ihrem Gehalt an Säure, Süße oder Salz entsprechend variiert werden. Auch wenn die Rezepte in diesem Buch natürlich schon vorgeben, wie die Gerichte gewürzt werden, hilft der kleine Hinweis dabei, die Würze gegebenenfalls dem Wein ein wenig anzupassen.

Die Verbindung von Wein und Essen lässt grundsätzlich zwei Ergebnisse zu; nennen wir es die Wahl zwischen Harmonie oder einem „Kick", den das Zusammentreffen von Wein und Gericht im Mund bewirkt. Ersteres wird durch ähnliche Geschmackskomponenten erreicht, die etwas spannendere Kombination entsteht durch gegensätzliche Reize auf der Zunge. Was genau im Mund passiert, folgt bestimmten Regeln und lässt sich gezielt herbeiführen. Wer diese Regeln beachtet, kann also sich und seinen Gästen ganz unterschiedliche Geschmackserlebnisse bereiten.

Der Tequila-Effekt

Im Wein finden wir zwei Säuren: Äpfel- und Milchsäure. Letztere entsteht durch den sogenannten Biologischen Säureabbau (BSA). Dabei wandeln Bakterien die im Wein vorhandene Äpfel- in Milchsäure um. In Rotweinen findet dieser Vorgang fast immer statt, in Weißwein dominiert dagegen zumeist die Äpfelsäure.

Wie reagiert nun die Säure mit verschiedenen Komponenten im Essen? Sie kennen sicher das bekannte Tequila Ritual: den Handrücken mit einer Zitronenscheibe befeuchten und mit Salz bestreuen, anschließend das Salz ablecken, Tequila trinken, in die Zitrone beißen. Was hier passiert, geschieht auch beim Zusammentreffen säurebetonter Weine mit salzigen Speisen: Beides puffert sich gegenseitig ab und verbindet sich zu einem harmonischen Ganzen.

Den Kick ergibt eher die Kombination der Säure zu einem süßen Gericht, das klassische Süß-Sauer erleben die meisten Menschen als spannungsreich und reizvoll. Allerdings sollte man es nicht übertreiben. Trifft zu viel Säure auf sehr süße Speisen, wirkt das dann doch zu extrem.

Vorsicht ist bei eiweißhaltigem Essen angesagt. Die Säure lässt das Eiweiß ausflocken, was nicht jeder mag. Überlässt man diese Arbeit wie bei der Kombination von Austern und Zitronensaft einer anderen Säure, wird der trockene Weißwein dazu hingegen wieder zum Genuss.

Für viele angenehm ist auch die Kombination säurebetonter Weine mit fettreichem Essen. Die Säure bricht den manchmal etwas beschwerenden Eindruck des Fetts, wirkt erfrischend und belebend. Beachten sollte man dabei, dass andere Komponenten den Effekt nicht stören.

Gleich und gleich gesellt sich gern

Die Süße im Wein reicht von komplett trocken bis zu über 400 Gramm Restzucker bei edelsüßen Weinen. Die sensorische Wahrnehmung dieser Süße hängt aber auch von anderen Komponenten ab. Beispielsweise vom pH-Wert. Je niedriger der ist, desto lieblicher wirkt der Wein.

Für den harmonischen Effekt sorgt die Kombination eines süßen Weins zum Dessert. Weil wir uns schnell an Süße gewöhnen, sollte der Wein deshalb immer ein wenig süßer schmecken als das Dessert.

Wer es lieber extravagant mag, kombiniert einen lieblicheren Wein zu salzigem Essen. Und da darf es ruhig extrem sein, beispielsweise den Portwein zum Roquefort oder Stilton. Gerade bei dieser Kombination ist wichtig, dass der Käse kräftig nach Salz schmeckt, der Wein hingegen viel Süße mitbringt.

Spannend ist auch dieses Zusammenspiel mit bitteren Speisen. Liebhaber zartherber Schokolade können das bestätigen. Beides wird auf der Zunge übrigens von denselben Geschmacksknospen erkannt. Die Süße puffert den bitteren Eindruck ab und hinterlässt einen angenehmen Geschmack.

Gerbstoffe und Adstringenz

Phenole, also Gerbstoffe, stammen aus den Kernen und den Beerenhäuten der Trauben. Weil vor allem für Rotweine sowohl der Saft als auch die ganze Traube vergoren werden, haben also in der Regel Rotweine einen spürbaren Anteil an Gerbstoffen, der meist noch durch den Ausbau in kleinen Holzfässern, den Barriques, verstärkt wird. Weißweine weisen diese oft auf, wenn sie im Holzfass ausgebaut wurden, es gibt aber auch immer öfter solche mit Maischestandzeiten, die einen geringen Anteil an Tanninen und Phenolen mitbringen.

Im Zusammenhang damit spielen vor allem Eiweiße eine Rolle. Deshalb empfiehlt man unter anderem Rotweine zu rohem Fleisch. Wenn der Anteil reifer Gerbstoffe und der Eiweißanteil im Fleisch zusammenpassen, entsteht eine spannende Fusion, die vor allem durch einen Umami-Kick getragen werden. Treffen die Gerbstoffe allerdings auf Fisch-Eiweiß, vor allem auf rohes, macht dies in der Regel wenig Freude.

Und sonst?

Natürlich gibt es Gerichte, zu denen sich nur schwer ein passender Wein finden lässt. Grundsätzlich darf man mutig sein und einfach etwas ausprobieren. Aber auch hierbei gibt es ein paar Hilfestellungen.

Scharfe Gerichte beispielsweise bergen die Schwierigkeit, dass Schärfe kein Geschmack, sondern ein Reiz ist. Der wird durch verschiedene Wirkstoffe ausgelöst und durch den Nervus Trigeminus, den sogenannten Drillingsnerv, im Mund wahrgenommen. Alkohol verstärkt diese Wahrnehmung, alkoholreiche Weine sind also nur dann eine Option, wenn man es gern richtig scharf möchte. Auch säurebetonte Weine lieber meiden, die beiden Empfindungen schaukeln sich gegenseitig hoch. Dagegen sind fruchtige, eventuell leicht restsüße Weine mit wenig Tannin und Alkohol eine Möglichkeit, den Schärfe-Reiz etwas einzufangen. Auch mineralische Weine passen unter Umständen gut.

Und dann gibt es noch jene Lebensmittel, die einfach zu keinem Wein passen wollen. Beispielsweise Tomaten oder getrockneter Schinken. Umami ist hier jeweils dominierend und im Gegensatz zu den vier anderen Geschmackskomponenten nicht so ganz eindeutig zu benennen. Würzig, herzhaft, fleischig wird diese fünfte beschrieben. Weil das ein Gericht im Prinzip komplett macht, ist der passende Wein dazu eine große Herausforderung. Ein säurebetonter Wein? Schwierig. Phenole? Untrinkbar. Restsüße? Auch schnell zu viel. Tatsächlich funktionieren am besten gereifte Weine, also Weine, bei denen Restsüße, Säure oder Tannine nicht mehr zu präsent, sondern abgerundet und gereift sind. Wer es lieber kräftig mag, ist mit einem älteren Barolo sicher auf der richtigen Seite, Weißweinliebhaber haben mit einem weißen Bordeaux älteren Jahrgangs ihre Freude. Wer keinen passenden Wein findet – kann es mal mit Sake probieren. Der enthält nämlich auch jede Menge Umami und passt daher immer.

Und die eingangs erwähnte Salatgurke? So ganz genau kann es niemand erklären, warum sie nicht zum Wein passt. Vielleicht sind es die Bitterstoffe, vielleicht ist es die Säure, die Zusammensetzung der Mineralstoffe, vielleicht alles zusammen.

Weine wollen vorbereitet sein.

Alkoholfreie Getränke auch

Muss es eigentlich immer Champagner sein zur Begrüßung? Tut es nicht auch Prosecco, oder wäre ein Crémant aus Frankreich genau richtig? Kaum etwas treibt Gastgeber so sehr um wie die Wahl des richtigen Begrüßungsdrinks. Was lässt sich nicht an guten ersten Eindrücken vermitteln, macht man nach dem Eintreten der Gäste alles richtig! Und wie sehr leidet die Stimmung, wenn es der Fehler gleich zu Beginn allzu viele sind und das allererste Getränk die Laune trübt!

Die Frage, ob Champagner oder nicht, ein Cocktail mit oder ohne als Alternative, sollte allerdings zurücktreten vor jener nach der Art des Anlasses, nach dem Charakter der Besucher. Weiß man von denen nichts, hat man keinerlei Ahnung von den Konsumgewohnheiten der Eingeladenen, ist eine rechtzeitige Recherche zu empfehlen. Nichts ist schließlich peinlicher, als ein nach allen Regeln der Gastgeberkunst zelebrierter Luxusschaumwein, den einem die Gäste freundlich dankend zurückgeben – womöglich mit den Worten, dass sie nur Alkoholfreies tränken oder dass ihnen Champagner generell zu sauer sei. Ein anderer mag dagegen glücklich sein, wenn er seine Lieblingskellerei auf der gereichten Flasche wiedererkennt – ihn mit ausgefallenen Raritäten kleiner Erzeuger zu überfallen, ist wenig sinnvoll. Der Wein-Aficionado wiederum, der zu Hause gern die Spezialabfüllungen kleiner Häuser trinkt, in seiner Freizeit französische Winzer besucht und sich über die Unterschiede von Barrique- und Stahltanklagerung auszutauschen weiß, ist mit einem Basis-Champagner der zuverlässigen Art kaum zufriedenzustellen. Seine Trinkgewohnheiten aber nun mit einer Prestigecuvée übertrumpfen zu wollen, wäre etwas übertrieben. Es muss nicht immer das Teuerste und Prestigereichste sein. In solchen Fällen bietet sich an, beim Aperitif wie bei den weiteren Weinen, andere Produkte zu servieren. Lieber Winzersekt aus dem nächstgelegenen Weinbaugebiet als Champagner aus der Ferne.

Beratung ist das halbe Leben und Luxus immer relativ

Wer als Gastgeber keine eigenen Weinkenntnisse besitzt oder sich auf diesem Gebiet nicht trittfest fühlt, sollte sich Beratung an Land holen. Solche bieten zuverlässige Weinhändler gern an, Fachgeschäfte, die es in beinah jeder mittleren Stadt gibt, oder auch große Versender. Kaum jemand aus der Branche wird pikiert reagieren, fragt man ihn nach persönlichen Empfehlungen und bei dieser Gelegenheit ein ungefähres gewünschtes Preisniveau angibt. Wer ausschließlich teure und teuerste Weine serviert, ohne dazu einen besonderen Grund zu haben, setzt womöglich die Eingeladenen unter Zugzwang. Etwas anders sieht die Sache immer dann aus, wenn die Gäste (Wein-)Connaisseure sind, langjährige Sammler, wenn man selbst schon bekannt ist für seine Weinschätze oder beruflich mit der Szene verbunden – als Winzer, Weinhändler, Fachjournalist. Dann ist die passende Gelegenheit, auch mal das Besondere zu öffnen. In allen anderen Fällen darf davon ausgegangen werden, dass sich für Flascheneinkaufspreise zwischen 8 und 20 Euro gute, sehr gute und manchmal sogar begeisternde Weine finden lassen – in schäumender oder stiller, in weißer oder roter Variante. Auch als Roséwein, der im Trend liegt und im Sommer nicht nur auf der Terrasse eine gute Figur abgibt. Vom Servieren eines vermeintlichen Discounter-Schnäppchens zu 2,99 Euro oder weniger sollte man absehen. Und im Zweifelsfalle ist immer jene Flasche die bessere, zu der sich eine Geschichte erzählen lässt. Weil man sie selbst beim Winzer aus dem Geheimversteck im tiefen Keller herauskramen durfte, weil die Winzerin eine entfernte Verwandte ist oder man den Kellermeister sympathisch findet ...

Die Dramaturgie des Abends

Champagner, Winzersekte, spanischer Cava und ähnliche mittels zweiter Gärung auf der Flasche hergestellten Weine mit Schaum sind tatsächlich eine gute Wahl zum Einstieg. Man kann mit ihnen anstoßen, findet sofortige Erfrischung, was natürlich verlangt, dass ausreichend Kälte im Spiel war. Perfekte Temperaturen für alle Arten von Weinen, inklusive Champagner, Sekt oder Prosecco, liefert ein Weinklimaschrank. Kaum etwas ist schlimmer als lauwarmer Schaumwein, speziell der französischen Luxusklasse. Wenig wirkt so unprofessionell wie der verzweifelte Versuch, eine nicht ausreichend gekühlte Flasche mit Notfallmaßnahmen – Eiskübel mit Salz – auf geeignete Temperatur zu bringen. Ein Champagner sollte lieber zu kalt serviert werden – er erwärmt sich im Glas schnell – als zu warm. Das Öffnen der Flasche mit Säbel oder Messer, als Sabrieren bezeichnet, wirkt übrigens tatsächlich spektakulär. Man sollte es allerdings nicht ausprobieren, schon gar nicht vor Publikum, falls man die Kunst des effektvollen Abschlagens des Flaschenhalses nicht beherrscht. Und selbst wenn: Innerhalb von Gebäuden sind derlei Showeinlagen tabu – und auch draußen sollte auf Vorbeifahrende und -gehende geachtet werden. Die Korken fliegen mitsamt dem sie umschließenden Glasabschnitt ziemlich weit und unkontrolliert.

An Schaumwein oder andere Drinks – trockener Sherry der Kategorien Fino, Manzanilla und Amontillado funktioniert eher bei Liebhabern und Interessierten – schließt klassischerweise Weißwein an. Zu Vorspeisen und Fischgerichten passt tatsächlich meist der eher helle, eher weniger vom Holzfass beeinflusste Wein am besten. Trocken darf er nicht nur sein, er sollte es sogar, es sei denn, ein Hauch von Süße passte gut zum eingeplanten Gang. Und was passiert mit jenen Gästen, die keinen durchgegorenen Wein lieben, sondern privat halbtrocken oder lieblich genießen? Ganz einfach: Niemand hat Anrecht auf einen bestimmten Wein, und kein Besucher darf erwarten, dass der Gastgeber allein für ihn eine neue Flasche öffnet (Ausnahmen für besondere Gäste bestätigen natürlich auch hier die Regel!). Am ungewohnten Tropfen wenigstens zu nippen, kann ja die eine oder den anderen doch noch überzeugen. Sollte die Antipathie bestehen bleiben, ist immer noch Wasser da, Saft oder Tee.

Rotwein zu dunklem Fleisch zu servieren, ist nicht zwingend – erst recht nicht, wenn die Saucen hell sind, die Beilagen eher frisch und grün, der Grundeindruck leicht ist. Einen ganzen Abend lang ausschließlich mit Weißweinen zu gestalten, ist eine einfache Übung, sofern in der Küche nicht ein Rehsauerbraten (s. S. 203) oder ein in Rotwein geschmortes Ossobucco (s. S. 204) und ähnlich kraftvolle Gerichte auf ihren Auftritt warten. Einen Abend dagegen ausschließlich mit roten Sorten zu konzipieren, verlangt schon mehr Mühe.

Viele Sorten oder Konzentration auf das Wesentliche?

Es spricht bei einer Einladung vieles dagegen, den ess- und trinkbaren Part zu einer Leistungsschau auszubauen. Sechs und mehr Speisengänge überfordern viele, und wird zu jedem Gericht auch noch ein eigener Wein serviert, gerät die gesellige Veranstaltung zu einer anstrengenden Übung, vom Alkoholpegel einmal abgesehen. So etwas kann nur tun, wer es rechtzeitig ankündigt und unter seinen Gästen echte Kenner weiß. Solche, die Spaß haben am Verkosten, die womöglich sogar Punkte vergeben oder sich bei einem blind, also mit verdecktem Etikett servierten Wein die Hände reiben. Die Mehrzahl der Menschen dürfte durchaus zufrieden sein, was die Getränke angeht, ist die Auswahl auf drei oder vier unterschiedliche Weine begrenzt. Sind aber Weinkenner in größerer Anzahl zugegen, wäre es auch opportun, zu jedem Gang zwei unterschiedliche Weine zu reichen und spielerisch herauszufinden, was besser passt. Da können sich, anders als beim Erraten von Weinen, auch jene beteiligen, die als Hobby andere Dinge nennen würden als die Ausgestaltung des eigenen Weinkellers.

Thematische Zusammenfassungen haben ebenfalls Vorteile. Wild durcheinanderzutrinken, mit Moselriesling zu starten und dann zu Chardonnay aus Kalifornien zu wechseln, mit Bordeaux fortzufahren und mit Gewürztraminer aus dem Elsass zu schließen, ist nicht jedermanns Sache. Viel spannender (und entspannender!) ist, in einer Region zu bleiben, einen Abend lang seltene Rebsorten zu trinken oder die Weine eines bestimmten Winzers. Wie auch immer man sich entscheidet – Weißweine sollten bitte kalt sein (lieber 10 als 12 Grad Celsius beim Einschenken) und Rotweine nie zu warm: 16 Grad Celsius sind das absolute Maximum, 14 sind im Sommer eher sinnvoll. Weinklimaschränke mit digitaler Temperaturanzeige, wie die von Gaggenau, sind hierbei ausgesprochen hilfreich.

Käse und Dessert – bitte experimentieren!

Spätestens nach dem Hauptgang, wenn der gröbste Appetit gestillt ist, sich die Gäste beschnuppert haben und die Nervosität auch vom Gastgeber abfällt, naht die Gelegenheit, um mit Getränken zu experimentieren. Nicht zu viel, klar, aber zumindest ein bisschen, um den Käsegang aufzupeppen. Ausdrucksstarke Weißweine machen sich zu vielen Sorten – von Ziegenkäse bis zu Brie – besser als rote. Reife Rieslinge, Jura-Weine und Sherry könnte man nun einsetzen, sogar einen Versuch mit alten und sehr alten Schätzchen starten. Falls von einem Wein nur noch eine einzige Flasche vorhanden ist, kann man je nach Anzahl der Gäste spätestens in diesem Stadium des Abends kleine Portionen ausschenken; auf den Raritätencharakter der betreffenden Flasche darf man durchaus aufmerksam machen. Hier wie bei den zum Fleisch gereiften Rotweinen ist die Vorbereitung wichtig. Rechtzeitiges Karaffieren tut sehr jungen Weinen gut, weil diese durch den Sauerstoff an Frucht gewinnen, und sehr alten, weil ein etwaiger Satz, Depot genannt, abgetrennt werden kann. Muffige Reifenoten werden reduziert und verschlossene Weine öffnen sich.

Zum Dessert wiederum muss es – von wenigen Ausnahmen abgesehen – auch im Glas süß sein. Die Faustregel, dass der Wein immer ein bisschen mehr Zucker enthalten sollte als der Nachtisch, hilft lediglich ein bisschen weiter. Vorheriges Ausprobieren ist wichtig, damit der süße Sherry das auf der Basis von Früchten aufgebaute Dessert nicht erschlägt und die Beerenauslese sich gegen ein warmes Schokoküchlein durchsetzen kann. Jetzt ist der Zeitpunkt gekommen, um endlich mal eine Flasche von jenen Weinen zu öffnen, die man sich allein oder zu zweit nur selten zu genießen traut. Vintage Port zum Beispiel oder Eiswein. Denkbar wäre aber auch das Gegenteil. Statt mit alkoholreichen oder extrem zuckrigen Hochkarätern zu punkten, könnte man einfach einen erfrischenden, dezent süßen Schaumwein reichen und so thematisch wieder auf den Aperitif zurückkommen. Vor allem Moscato d'Asti bietet sich an, ein Wein, der von guten Produzenten stammen und kalt serviert werden muss; die rote Alternative namens Brachetto d'Acqui ist seltener zu haben, aber mindestens ebenso spannend. Etwas Erfrischenderes gib es nicht!

Es muss nicht immer Wein sein

Natürlich ist Wein nicht automatisch gesetzt und Bier eine Option. Helles oder dunkles, vom leichten Sauerbier bis zum üppigen IPA. Wer weiß, dass seine Gäste eher auf Vergorenes aus Getreide erpicht sind, sollte sich nicht scheuen, einen ganzen Abend lang nur Bier zu reichen. Individuelles Craft Beer von kleinen Brauereien, abgestimmt auf die Speisen! Selbstverständlich gibt es an solchen Abenden für Nicht-Biertrinker auch Alternativen.

Stehen die Zeichen dagegen auf japanische Küche, ist zumindest zum Hauptgang Sake das Getränk der Wahl, mag aber nicht jeder, weshalb auch hier etwas anderes im Angebot sein sollte.

Egal aber, ob Wein oder Bier, ob es ausschließlich Cocktails gibt – da sollte jemand in der Nähe sein, der sich beim Mixen auskennt – oder gar die eine oder andere pure Spirituose: Auf Alkoholfreies zu achten, liegt im Trend. Und damit ist nicht Cola aus dem Getränkehandel, damit sind originelle alkoholfreie Drinks gemeint. Selbst gemachte Limonade aus ungespritzten sizilianischen Zitronen beispielsweise, Wasserkefir oder hausgemachter Kombucha, gern Fruchtsäfte von erstklassigen Produzenten. Wasser sollte bei jeder Einladung im Überfluss vorhanden sein, still oder sprudelnd, gekauft oder aus der Leitung. Weil Trinkwasser überall im deutschsprachigen Raum in sehr guter Qualität verfügbar ist, müssen nicht unbedingt Kisten geschleppt werden. Ein paar Kräuter in der dekorativen Wasserkaraffe wirken eh attraktiver als die Flaschenetiketten der Getränkekonzerne.

Krawatte, Kostüm und kalte Füße

Wie kleidet man sich bei Tisch?

„Dresscode, was ist das?", fragen sich vermutlich viele Gäste, spricht man sie auf eine adäquate Kleidung bei Tisch an. Tatsächlich wird man auch in besseren und besten Restaurants immer wieder Menschen treffen, die der Ansicht sind, T-Shirt und Jeans genügten – am Mittag sowieso und abends meist auch. Sie haben insofern recht, als Dresscodes heute nur noch selten existieren und Kleidungsvorschriften kaum noch gegeben werden. Auch Sternerestaurants verzichten in der Regel darauf, die Art des Anzugs vorzugeben –, und in Europa muss man nach Etablissements, die zumindest für den männlichen Teil der Kundschaft eine Krawatte vorschreiben, mit der Lupe suchen. Komme, wie du willst, heißt es, wenn man nachfragt. Oder anders ausgedrückt: Ist uns doch egal, wie unsere Gäste erscheinen! Von dieser Regel weichen in der Regel lediglich Lokale in Badeorten ab, die vermeiden wollen, dass ihre Gäste in Badekleidung zu Tisch kommen. Auch Lockerheit scheint ihre Grenzen zu haben.

Klare Regeln für einen gelungenen Abend

Wer über Strandschuhe und Bikini hinaus Anforderungen an das Outfit seiner Besucher stellt, sorgt manchmal für Aufsehen und wird sich nicht vor Unmut schützen können. Gar nicht egal war die Kleidung seiner Kundschaft beispielsweise einem Fünf-Sterne-Hotel im schweizerischen Arosa. Der Direktor selbst berichtete von jenem Gast, der an einem Silvesterabend am Galaessen im großen Saal teilnehmen wollte, aber nicht den für diesen Anlass geforderten Smoking parat hatte. Weil Modegeschäfte in der nächstgrößeren Stadt an diesem Tag nicht geöffnet hatten, konnte Ersatz auf die Schnelle nicht beschafft werden. Der Gast blieb ohne Smoking und wurde nicht zur Feier zugelassen – eine Ausnahme wurde auch für ihn nicht gemacht. Zum Glück bot das Haus genügend Speisemöglichkeiten jenseits des Grand Restaurants, aber vermutlich war die Laune des Kunden um Mitternacht dennoch leicht getrübt.

Man kann aus der Entscheidung des Direktors den Schluss ziehen, dass sich klare Regeln und gute Gastfreundschaft nicht zwingend widersprechen. Alles offen zu lassen, ist nicht die beste Lösung, denn der Verzicht auf Vorschriften vonseiten des Gastgebers bedeutet ja nicht, dass nicht jeder für sich eine Entscheidung treffen muss. Schwarze Einheitskleidung oder doch etwas Farbiges? Jackett lieber mitnehmen oder zu Hause lassen? Und was die Frau angeht: Kann man das Risiko eingehen, underdressed zu erscheinen, wo doch die Wahrscheinlichkeit hoch ist, dass andere am Tisch ein Cocktailkleid tragen? Einen der folgenden Dresscodes vorzugeben, ist folglich weniger schulmeisterlich als vielmehr fürsorglich und enthebt die Gäste des Grübelns:

1. Casual / Smart Casual

   Bedeutet in der Realität so viel wie: Es bleibt nach Maßgabe dieser Vorschrift jedem Gast selbst überlassen, ob er nur Shirt und Jeans oder doch einen hellen Anzug ohne Krawatte anzieht. Lässig, aber angemessen, so lautet die Regel. Einfach so schlicht wie möglich zu kommen, ist allerdings dann keine Lösung, wenn das eigene Wohlgefühl leidet. Bei Abendeinladungen gilt auch in diesem Falle: lieber merklich zu elegant als auch nur eine Spur underdressed. Merke außerdem: Krawatten kann man im Notfall immer noch ausziehen, wenn man sieht, dass niemand anderes eine trägt, aber die unpassend wirkenden Shorts lassen sich kaum durch ein Ersatzkleidungsstück verdecken. Damen haben es da deutlich leichter: Sie ziehen einfach das an, worauf sie Lust haben.

2. Anzug / dunkler Anzug

   Eine noch immer verbreitete Form der Kleidungsvorschrift und auch ohne schriftliche Aufforderung für Empfänge oft die selbstverständliche Lösung. Ob der Anzug im ersten Fall auch sehr hell, ob er im zweiten schwarz sein muss und wie es mit Kombinationen aus unterschiedlichen Farben steht, kann man immer diskutieren – im Zweifelsfall sollte man sich auch bei einer eleganten Party nicht anziehen wie auf einer Beerdigung. Private Einladungen werden übrigens nur äußerst selten auf dunklem Anzug und vergleichbarer Garderobe für Damen bestehen. Falls doch, handelt es sich womöglich wirklich um einen ziemlich außergewöhnlichen Anlass, oder um ein wichtiges Geschäftsessen im privaten Rahmen. Dem männlichen Outfit eine persönliche Note zu verleihen, in Form stilvoller Krawatten, Hemden oder Einstecktücher, ist nicht nur erlaubt, sondern meist gern gesehen.

3. Black Tie

Nur noch für Silvesterpartys in noblen Hotels, Empfänge von Filmfestivals und andere gesellschaftlich wichtige Ereignisse sind Smoking mitsamt schwarzer Fliege und große Abendgarderobe vorgeschrieben. Oft führt an der nur vermeintlich in Stein gemeißelten Regel ein Weg vorbei, denn schwarzer Anzug und Krawatte werden oft, aber nicht immer toleriert, wie der eingangs erwähnte Gast im Schweizer Hotel schmerzhaft erfuhr. Damen haben es eh leichter, denn was genau ein Abend- oder Cocktailkleid ist, wird der Türsteher kaum definieren können. Traditionell wurde der Smoking lediglich nach 18 Uhr getragen, hat also auf Mittagseinladungen und Vergleichbarem nichts zu suchen – auch wenn dies manchmal anders gesehen wird. Der weiße Smoking ist noch viel seltener geworden als der dunkle, bleibt aber eine coole Idee für die hochelegante Sommerparty.

Den Smoking auch auf privaten Einladungen vorzuschreiben, ist unüblich, aber denkbar und stößt bisweilen sogar auf Sympathie. Schließlich existieren nicht mehr viele Gelegenheiten, an denen die Herren Smokinghemd, Fliege, Weste oder Kummerbund anlegen können. Da nicht jeder potenzielle Gast einen derartigen Anzug im Schrank hat, wird man mit einer solchen Formel allerdings den einen oder anderen von vornherein ausschließen. Adressen von Geschäften, die einen Smoking verleihen, oder Namen von guten Schneidern können der Einladung beigelegt werden.

4. Krawatte ist Pflicht!

In Zeiten, in denen Nonchalance Trend ist und die meisten Kleidungsvorschriften längst abgeschafft wurden, hat sich eine Gegenbewegung formiert. „Friday is Tie Day", rufen mutige Nonkonformisten und setzen auf Krawatte – auch dort, wo sie nicht zwingend sein muss. Eine sehr sympathische Form der Revolte, die sich mühelos umsetzen lässt: Einen Schlips hat schließlich jeder Mann im Schrank, und notfalls kann man einen leihen, ihn mit Hemd und Weste kombinieren, den Anzug weglassen und stattdessen eine Hose und ein Jackett kombinieren. Eine solche Bitte an seine männlichen Gäste eröffnet auch dem weiblichen Teil der Eingeladenen Möglichkeiten, sich in Schale zu werfen.

5. Nostalgieabend

Das Essen mit der Kleidung zu verbinden, ist eine selten genutzte Möglichkeit der Abendgestaltung. Wer sich allerdings schon beim Menü auf die Vergangenheit beruft und beispielsweise Speisen von Auguste Escoffier serviert, die Küche von Paul Bocuse aufleben werden lässt, kann konsequenterweise um entsprechende Garderobe nachsuchen. Accessoires aus den Achtzigern haben viele noch im Schrank, notfalls können Eltern oder Verwandte aushelfen, und bei Rückgriffen auf die Zwanziger des vergangenen Jahrhunderts stehen der professionelle Kostümverleih und die eigene Fantasie zur Verfügung. Ob das nicht mit allzu viel Aufwand verbunden ist? Das muss jeder Gastgeber für sich entscheiden und prüfen, ob die meisten Gäste das Ungewöhnliche schätzen.

6. Bitte mit Hut!

Es ist die leichteste Übung, mal ein wenig Ascot zu spielen. Der Hut, in den 1950ern und 1960ern noch üblich, hat sich heute längst ins Museum der aus der Mode gekommenen Kleidungsstücke verabschiedet – von seltenen Gelegenheiten wie Pferderennen im Vereinigten Königreich oder Hochzeiten abgesehen. Doch eine Kopfbedeckung vorzuschreiben, zeigt den Gästen schon bei der Lektüre des Einladungsschreibens, dass man sich Gedanken gemacht hat und nicht beabsichtigt, lediglich das Pflichtprogramm abzuspulen. Hüte, Mützen und vergleichbare Accessoires lassen sich auftreiben, wer auffallen will, greift zum Zylinder, und Damen studieren die neueste Mode aus England. Was trugen die Royals doch neulich? Hüte vorzuschreiben, bietet sich vor allem für eine Einladung in den Garten an; sie im Laufe des Essens abzulegen, ist durchaus opportun.

7. White Tie / White Dinner

Trotz der Farbbezeichnung haben diese beiden Kleidungsvorschriften nichts miteinander zu tun. White Dinner ist eine Form der sommerlichen Party, die in den letzten Jahren zu einigem Ansehen gelangt ist. Bisweilen werden unter diesem Motto sogar professionelle Events veranstaltet, bei denen Hunderte von Gästen Eintritt zahlen, um ein meist wenig aufregendes Mahl im Kreise komplett weiß gekleideter Gleichgesinnter zu verbringen. Die private White-Dinner-Einladung sollte auf warme Tage beschränkt und nicht übertrieben streng umgesetzt werden. Wer keine weißen Hosen besitzt und stattdessen cremefarbene überstreift, darf trotzdem an der Party teilnehmen.

White Tie ist in der Regel für Staatsempfänge gedacht, meint die weiße Fliege und den dazu passenden Frack, für Damen eine festliche Garderobe, und ist dermaßen aus der Mode gekommen, dass man diese Vorschrift mit langem zeitlichen Vorlauf erklären sollte. Es kann ja nicht das Ziel des Gastgebers sein, seine Gäste in Verlegenheit zu bringen, hinterher ohne selbige dazustehen und die feinen Delikatessen allein essen zu müssen.

In allen Fällen von Kleidungsvorschriften sollten kluge Gastgeber überlegen, wie sie mit Verstößen gegen diese umgehen. Wer vor der Tür steht, ohne das erbetene Outfit, und sich entschuldigt mit Vergesslichkeit oder einem Mangel an entsprechenden Kleidungsstücken, ist nicht automatisch ein Ignorant. Ihn nun auf der Stelle und ohne Gnade auszuschließen, wäre nicht nur die drastischste, sondern auch die fragwürdigste Lösung. Sinnvoller ist es oft, fünfe gerade sein zu lassen.

Etwas anders verhält es sich, wenn auf einmal ungebetene Gäste vor der Tür stehen. So nicht eine Einladung über Social Media erfolgt war, darf man als Gastgeberin oder Gastgeber durchaus darauf verweisen, dass ausschließlich diejenigen zur Party gebeten sind, die auch zugesagt haben. Reagiert darauf jemand indigniert, darf die- oder derjenige getrost von der Freundesliste gestrichen werden. Handelt es sich um ein Dinner im kleineren Rahmen, sollten Gäste ohnehin nicht so nassforsch sein und ohne zu fragen einfach noch jemanden im Schlepptau haben, der dann die intime Runde sprengt.

Ausnahmen bestätigen selbstverständlich wie stets auch hier die Regel und bleiben zur situativen Entscheidung jedem Gastgeber selbst überlassen.

Ohne Schuhe, aber mit Hund?

„Sollen wir die Schuhe ausziehen?", ist vermutlich eine der am häufigsten gestellten Fragen der Weltgeschichte. Wer mit „Ja" antwortet, um seinen Parkettboden zu schonen oder den Teppich nicht in Gefahr zu bringen, sollte sich klarmachen, dass er den einen oder anderen Gast aus seiner Wohlfühlzone verbannt. Wenn jemand nicht gerade mit sehr schmalen, spitzen Absätzen anrückt und das Echtholzparkett damit bedroht oder mit durchnässtem oder dreckigem Schuhwerk nach einem Hagelsturm, spricht wenig für den Tausch des Schuhwerks an der Wohnungs- oder Haustür. Denn um einen Tausch muss es sich handeln! Wer gebeten wird, sich der eigenen Fußbekleidung zu entledigen, fühlt sich anschließend ein bisschen nackt – selbst wenn Strümpfe oder Socken von einwandfreier Qualität und passender Farbe sind. Gute Gastgeber halten für solche Fälle bequeme Hausschuhe vorrätig. Für den Fall, dass jemandem kalt wird, auf der Terrasse bei untergehender Sonne, wären auch Notfallsocken eine gute Investition. Decken und Strickjacken tragen einem bei fröstelnden, meist weiblichen Besuchern sowieso ein Extradankeschön ein.

Ist es durchaus opportun, die Schuhfrage ad hoc beim Eintreffen der Gäste zu beantworten – Einladungen sollten schließlich nicht vor Regeln überquellen –, gibt es beim Haustier keine andere Lösung, als rechtzeitig vorzusorgen. Gut erzogene Hunde machen zwar wenig Probleme, aber viele Besitzer irren in der Einschätzung ihrer Vierbeiner und eigener Erziehungskünste. Plötzlich beißt der ansonsten unauffällige Hasso doch dem einen oder anderen fremden Gast ins Bein oder kämpft mit anderen anwesenden Hunden um die Vorherrschaft des Abends. Einen eigenen Hundesitter aufzubieten, der sich den Abend lang um die Tiere kümmert, ist aufwendig, kann aber erleichternd sein. Wassernäpfe sollten in jedem Fall bereitgehalten werden, für die weitere Verpflegung hat dagegen nicht der Gastgeber geradezustehen.

Zweierlei sollte man bedenken: Gäste der Party zu verweisen, die ihre Hunde wiederholt mit Speisen vom Tisch füttern, ist durchaus legitim. Was dem Menschen serviert wird, ist für den Hund weder gedacht noch gesundheitlich unbedenklich. Und für die meisten Tiere ist ein langer Abend mit Musik, Wein und Ausgelassenheit eher stressig als entspannend. Wer den Hunden und sich also den Stress ersparen und auf Nummer Sicher gehen will, sagt klar und deutlich, dass Hunde bitte zu Hause bleiben sollen.

Mietkoch oder Catering?

Guter Service ist eine lohnende Investition

Manchmal muss sich der Gastgeber ernsthaft fragen, ob ihm die selbst zugewiesene Rolle nicht über den Kopf zu wachsen droht. Nicht jeder ist schließlich ein guter Koch, manche verstehen wenig von Wein und wollen sich nicht blamieren, und viele haben Angst, dass sie mit der Bewirtung von 20 Gästen nicht klarkommen, ohne den Faden zu verlieren. In solchen Fällen gibt es drei Lösungen, von denen allerdings nur eine gut ist. Die zwei anderen bestehen darin, die Zähne zusammenzubeißen und die Sache abzusagen. Aber warum nicht, Lösung Nummer drei, einfach externen Fachverstand einholen? Experten verlangen keine Unsummen und können, weil sie klüger einkaufen als jeder Privatmann, einem Gastgeber helfen, am Ende sogar Geld zu sparen. Denn kaum jemand macht ja zu Hause die richtige Rechnung auf, addiert alle Einkäufe und setzt für die eigene Tätigkeit und jene der Familie einen adäquaten Stundensatz an. Verdienstausfall wird sowieso nicht in die Abrechnung einbezogen, denn anderenfalls käme man zum Schluss, dass eine Abendeinladung den privaten Gastgeber gut und gern 100 und mehr Euro pro Eingeladenen kosten kann – ohne dass Kaviar und Luxus-Champagner auf den Tisch kommen.

Köche, die man mieten kann

Die einfachste Möglichkeit, die Vorbereitungen für eine Veranstaltung zu Hause zu delegieren, sind Cateringunternehmen, die früher nonchalant als Partyservice bezeichnet wurden. Buffets in allen Varianten kann man dort in Auftrag geben, beim kleinen lokal tätigen Anbieter oder beim großen, international tätigen Spezialisten. Hier wie dort ist Papier geduldig, in jedem Falle sollte man sich Referenzen zeigen lassen oder Auskünfte über die Leistungsfähigkeit einholen. Einfacher wird die Qualitätsüberprüfung in Restaurants. Sehr viele sind auch bereit, externe Feiern mit Buffets oder Menüs auszustatten, etliche liefern auf Wunsch auch Warmhaltevorrichtungen, Besteck und Gläser, manchmal auch den Service, der das Gewünschte auf die Teller legt. Vorher essen zu gehen im Lokal, das man auserkoren hat, ist eine gute Idee. Obwohl niemand eins zu eins von der gelungenen Vorspeise im Lokal auf selbige daheim schließen kann: Anhaltspunkte zur Philosophie eines Unternehmens bietet das Probeessen allemal.

Wichtig ist es in jedem Fall, alle Details schriftlich festzulegen, um die Wahrscheinlichkeit von Enttäuschungen zu vermeiden und Rechtssicherheit zu schaffen. Bei guten Caterern bietet es sich an, auf deren Ratschläge zu Speisenauswahl und -menge zu hören. Die Leute machen ihren Job oft lange, wissen ziemlich genau, was bei Gästen gut ankommt und was nicht. Experten zu engagieren und ihnen dann ohne Rücksicht auf Widerstände die eigenen Vorstellungen aufs Auge zu drücken, ergibt wenig Sinn.

Manche Restaurants gehen noch weiter, als lediglich zu liefern, schicken eigene Köche vorbei, die an Ort und Stelle Speisen fertigstellen. Und bisweilen ist der Chef eines Restaurants auch bereit, den eigenen Betrieb für einen Abend zu schließen und mit Mann und Maus zum Gastgeber nach Hause zu kommen. Handelt es sich um ein erstklassiges Lokal, ist in diesem Fall ein Erlebnis ziemlich sicher – denn zum servierten Menü kommt noch der Reiz des Außergewöhnlichen. Eine ganze Brigade an Profis, die daheim eine Party zum Gourmet-Event macht – das kann nicht jeder bieten!

Ist die zu bewirtende Gesellschaft klein, sitzen nur sechs oder acht Personen um den Tisch, ist ein Miet-, Gast- oder Störkoch (der etwas altmodisch daherkommende Begriff „Stör" ist ein Ausdruck für die Arbeit eines Handwerkers im Haus des Kunden, in diesem Fall der Koch) eher die richtige Wahl. Selbstständige Profis der Branche sind erfahren darin, Menüs in jedem gewünschten Umfang zuzubereiten und zu servieren. Gute Miet- oder Störköche bringen alle Zutaten mit, haben nicht nur die richtigen Messer, sondern auch passende Töpfe dabei und räumen nach absolviertem Menü auf. Ihnen eine vernünftig eingerichtete Küche zu bieten, ist dennoch Voraussetzung. Wer nur eine Elektroplatte besitzt, sollte auf diese Art des Gastgebens verzichten. Die Preise richten sich nach dem Renommee des Kochs und den verwendeten Zutaten und können schwer geschätzt werden: Ein ehemaliger oder amtierender Sternekoch mit Ansehen kostet nun mal mehr als ein Jungkoch, der sich soeben selbstständig gemacht hat. Übrigens wäre es ein Fauxpas schlimmster Sorte, wenn man dem gebuchten Koch ständig dreinredete. Man muss sich schon entscheiden, ob man alles besser wissen und Stress haben oder den Tag entspannt mit seinen Gästen verbringen will.

Ein guter Koch ist oft kein guter Sommelier

Nicht nur Köche, die zumeist zwar auch Ahnung von Wein haben, aber nun mal in der Regel keine professionellen Weinkellner sind, auch Kellner kann man für einen Abend mieten und sogar gestandene Sommeliers buchen. Es gibt zu diesem Zweck eigene Agenturen, doch manchmal lohnt es sich, einfach beim Weinexperten eines Gourmetrestaurants nachzufragen. Viele Sommeliers haben Freude daran, mal an einem ihrer ansonsten freien Abende Gäste in privatem Rahmen zu unterhalten. Und wenn es nicht das Restaurant sein soll, der die Experten stellt, dann vielleicht der Weinhandel, in dem viele gute Sommeliers arbeiten. Andere Weinfachleute sind freiberuflich im Consulting tätig und dürfen gleichfalls angefragt werden – Master of Wine, Weinakademiker und Weinjournalisten stehen gern mal ein paar Stunden lang zur Verfügung, um Flaschen zu öffnen und Weine zu erklären. Sind sehr alte und rare Flaschen vorgesehen, ergibt das Engagement besonderen Sinn, denn das Flaschenöffnen und Korkenziehen bedarf dann großer Erfahrung. Und was die Kosten angeht: Eine gute Bezahlung versteht sich von selbst, aber je spannender und seltener die Weine, desto verlockender ist es für den Sommelier, zuzusagen.

Einen Winzer zu engagieren, damit er seine Weine vorstellt, ist eine andere, ziemliche originelle und persönliche Art des Weinausschanks. So mancher Erzeuger ist offen für derlei Anfragen, sofern sie sich in seine Arbeitspläne integrieren lassen. Dass der Mann seine eigenen Weine mitbringt, kann vorausgesetzt werden, dass er dies gratis tut, allerdings nicht. Zehn bis 30 Prozent Probenrabatt liegen durchaus im Rahmen des Üblichen, aber eine Präsentation sollte nicht mit einer Verkaufsveranstaltung verwechselt werden. Sobald sich die Anwesenden verleitet fühlen, die vorgestellten Weine kaufen zu müssen, kann die Angelegenheit aus dem Ruder laufen.

Empfangen und servieren – Hilfe zahlt sich aus

Entscheiden sich die Gastgeber dafür, selbst Weine auszuschenken und auch die Zubereitung der Speisen unter persönliche Verantwortung zu stellen, wäre immer noch genügend Arbeit vorhanden, die sich an Profis abgeben lässt. Warum nicht mal für einen Abend jemanden engagieren, den man früher als Dienstmädchen oder Diener bezeichnet hat? Die Scheu, für ein paar Stunden sogenanntes Personal zu beschäftigen, gilt es zu überwinden. Es ist nichts Ehrenrühriges dabei, einen Kellner zu engagieren, ein Servicekraft, eine Hilfe beim Abspülen. So was kostet, auch wenn man sich nicht am Mindestlohn orientiert, sondern deutlich großzügiger ist, nicht die Welt, schafft aber Freiheiten. Merke: Es steht nirgendwo in Stein gemeißelt, dass sich der Gastgeber für seine Gäste aufopfern muss!

Hilfreiche Hände sind zum Beispiel dabei gefragt, den Gästen einen Parkplatz zu zeigen. Das Parken fremder Autos gilt ebenfalls als überaus großzügige Geste, ist aber unter versicherungsrechtlichen Gesichtspunkten problematisch. Stattdessen dürfen die engagierten Mitarbeiter ohne rechtliche Fallstricke Garderobe entgegennehmen und Wege weisen – ins Wohnzimmer, auf die Terrasse, in den Garten. Ein Tablett mit Getränken herumzureichen, ist schon zu Beginn der Veranstaltung empfehlenswert. Wenn der Gastgeber dann dazustößt und Hände wie Geist frei hat, kann er sich gleich intensiv und individuell um die Eingeladenen kümmern. Hilfe ist auch im weiteren Verlauf einer Party gern gesehen, wenn Essen serviert werden muss, es Nachschub an Wasser braucht oder Teller abgeräumt werden müssen. Und was ist schöner als eine aufgeräumte Küche, in der am nächsten Morgen keine Berge an Tellern und Besteck herumstehen?

Sparen lässt sich natürlich auch beim Service, aber nicht immer ist die billigste Lösung auch die beste. Vor allem die Möglichkeit, nahe Verwandte und Bekannte als Helfer zu engagieren, stößt auf Hindernisse. Letztere wären zwar oft grundsätzlich dazu bereit, zu helfen, allerdings dürfte sich diese Tätigkeit eher aufs Vorfeld beschränken: Niemand will ja ernsthaft einem Freund erklären, dass er auf einer Party, zu der er nicht eingeladen wird, Unterstützung leisten soll. Und ihn trotzdem einzuladen, ihn also zum Zwitter aus Gast und Bedienung zu machen, kann Missverständnisse hervorrufen. Einfacher ist es da schon, Geschwister, Eltern und Kinder um Hilfe zu bitten. Geld nehmen die in der Regel nicht, beschränken sich auf mündlichen Dank und Reste an Wein und Lebensmitteln (wobei die meisten jugendlichen Helfer einen Zuschuss zum Taschengeld schätzen). Aber jeder Gastgeber muss selbst wissen, ob er das Risiko tragen will, Familie und Dienstleistung miteinander zu vermischen.

Die richtige Kleidung – zwischen Nostalgie und Zweckmäßigkeit

Sind Mitarbeiter engagiert, ist die angemessene Kleidung nicht nur ratsam, sondern geradezu Pflicht. Ein professioneller Koch, der in T-Shirt und abgewetzten Jeans mit Töpfen, Pfannen und Lebensmitteln hantiert, gibt einen schlechten Eindruck ab. Gleiches sollte aber auch für engagierte Kellner und Sommeliers gelten. Freizeitkleidung passt nicht zu einem Job, und speziell bei größeren Events sollte auf den allerersten Blick klar sein, wer Gast und wer Mitarbeiter des Gastgebers ist. Passt es zum Motto des Abends, spricht auch nichts dagegen, Aushilfen zu bitten, eine nostalgisch wirkende Kleidung zu tragen. Frack für den Kellner, der den Champagner aufträgt, wenn auch der Gastgeber adäquate Robe angelegt hat? Warum nicht!

Falls der Einladende übrigens der Meinung ist, sich ganz allein ums Essen zu kümmern, sollte er nicht in Versuchung kommen, in Abendkleid oder Anzug die Speisen anzurichten. Für solche Zwecke empfiehlt sich die Investition in eine Kochjacke und ähnliche Kleidung. Sobald die notwendigen Handgriffe in der Küche absolviert sind, entledigt er oder sie sich der Arbeitskleidung und ist wieder der einwandfrei gekleidete Gastgeber, der nichts anderes im Sinn hat, als seine Gäste glücklich zu machen.

Esskultur und kulinarische Erlebnisse
Selbst kochen oder sich verwöhnen lassen?

Ein prickelnder Pinot Brut in der einen Hand, in der anderen ein exquisites Amuse Gueule, das der Sternekoch schon mal vorab als „kleinen Gruß aus der Küche" schickt. „Fast zu schade zum Essen", findet ein Teilnehmer der Gaggenau Genussveranstaltung, bevor er den appetitlichen Happen dann selbstverständlich doch genüsslich verspeist.

Während der Spitzenkoch die Vorspeise des insgesamt zehngängigen Menüs vorbereitet, lernen die Gäste quasi nebenbei, was es so an Tricks und Tipps vom Profi gibt. Locker geht es zu und sehr entspannt bei so einem Event im Gaggenau Showroom. Man plaudert, die eine freut sich, dass man es doch noch geschafft hat, einen Platz für den Abend zu ergattern, der andere lässt sich schon mal einen perfekt temperierten Weißwein einschenken, der zur Vorspeise gereicht wird. Wer möchte, erfährt etwas über die Funktionen des Dampfbackofens, lernt den Umgang mit dem Sous-vide-Garer oder macht die Erfahrung, wie ungemein praktisch eigentlich ein Teppan Yaki ist. „Wann hat man sonst die Gelegenheit, einem Profi so nah zu sein, wenn dieser das Essen zubereitet?", sagt eine Teilnehmerin, die extra aus Hamburg angereist ist.

Viele der Gäste haben bereits Gaggenau Geräte, sind überzeugte Kunden und begeistert von der Vielfalt der Funktionen, die hier noch mal im professionellen Rahmen demonstriert werden. Andere möchten sich im Laufe der „Cooking Experience by Gaggenau" erst einmal darüber informieren und einfach den Frühlingsabend in München Bogenhausen kulinarisch genießen. Der Showroom erscheint mehr wie ein puristisch gestaltetes, zeitlos modernes Restaurant denn als Ausstellungsraum für Hausgeräte. Die Atmosphäre ist heiter, schwarz gekleidetes Servicepersonal betreut die Gäste aufmerksam, schenkt Wasser und Wein nach, bringt frisch gebrühten Espresso und sorgt diskret dafür, dass sich alle wohlfühlen.

Genusskultur vom Feinsten

Kochevents wie diese – mit maximal 24 Gästen – gibt es regelmäßig im Gaggenau Showroom. Zahlreiche Sterneköche aus ganz Deutschland – und sogar darüber hinaus –, wie beispielsweise Marc Haeberlin, Christian Jürgens oder Nils Henkel waren schon an der Isar, um ihre Kochkunst in einem intimen Rahmen zu präsentieren. Das Motto „Gaggenau live erleben" wird dezent umgesetzt, es geht hier nicht um Verkauf, hier in Bogenhausen dreht sich alles um Kulinarik und Genuss.

Das schätzen namhafte Winzer wie zum Beispiel Wilhelm Weil aus dem Rheingau, Friedrich Groebe aus Rheinhessen oder Roman Niewodniczanski von Mosel-Saar-Ruwer genauso wie renommierte Sommeliers. Marchese Antinori kam ebenfalls aus der Toskana in die bayerische Hauptstadt, um seine exquisiten Weine zu präsentieren. Mario Gamba, Patron und Koch des Münchner Aquarello, sorgte während dieses Luxus-Events für den adäquaten kulinarischen Rahmen: von erstklassigem Vitello Tonnato über Onsen-Ei bis hin zum traditionellen Brasato, behutsam in Rotwein geschmorten Rinderbraten, und zart schmelzendem Dessert.

Entdecken, was die neue Küche alles bietet

Geräteeinweisung mit dem Profi

Wer sich mit seinen neuen Gaggenau Einbaugeräten in der eigenen Küche vertraut machen und noch mehr über Funktionen oder Anwendungsmöglichkeiten wissen möchte, kann einen der Gaggenau Köche bei sich zu Hause erleben. Und das deutschlandweit. Der Profi beantwortet dabei alle eventuell vorhandenen Fragen. Darüber hinaus demonstriert er für bis zu vier Personen unter anderem die Zubereitung von Flammkuchen auf dem Backstein sowie die von Gemüse und Fleisch im Dampfbackofen.

Küchenparty

In einem größeren Rahmen findet die Küchenparty statt. Bis zu zwölf Teilnehmer erfahren hier ganz individuell, was sich alles in den eigenen vier Wänden mit Backofen, Dampfbackofen, Teppan Yaki oder aber mit der Vakuumierschublade so alles anrichten lässt. Während dieser „Cook-in-Party" bereiten der jeweilige Koch und die Gäste gemeinsam ein viergängiges Menü zu. Alles, was der Gastgeber vorbereiten muss für diese Küchenparty der genussvollen Art: die passenden Getränke bereitstellen und entsprechend temperieren. Individueller lässt sich Ess- und Genusskultur wohl kaum gestalten.

Persönliche Anwendungsberatung

Als Gastgeberin oder Gastgeber für ein Dinner mit Freunden werden professionelle Tipps benötigt? Hierbei beraten die Kochprofis persönlich am Telefon, damit die geplanten Gerichte in den Gaggenau Geräten perfekt gelingen.
    Weitere Informationen: beim autorisierten Gaggenau Fachhandelspartner oder bei Gaggenau direkt.

1 Vor

Vorspeisen & Wein

Vorspeisen sind kleine, appetitanregende Gerichte, die das Menü eröffnen. Sie dienen klassischerweise dazu, den ersten Hunger zu stillen und zugleich den Appetit anzuregen. Daher sind die Portionen nicht allzu üppig und die Gerichte selbst leicht. Besonders eignen sich Zutaten mit Bitterstoffen, die die Verdauung anregen. Deshalb sind Fenchel, Spargel, Quinoa und Cranberrys ideale Zutaten einer Vorspeise.

Grundsätzlich sollte ein Wein zur Vorspeise nicht allzu kräftig und alkoholisch sein. Ein leichter Weißwein, unter Umständen auch etwas Prickelndes mit Kohlensäure, ist meist eine gute Wahl zum Einstieg in ein mehrgängiges Menü. Vor allem, wenn noch weitere Gänge mit Weinbegleitung folgen und so doch ein paar Gläser Wein zusammenkommen. Wer schon zum Aperitif mit einem Champagner oder Winzersekt beginnt, kann den auch durchaus zu den Vorspeisen weitertrinken. Natürlich ist es nicht ganz einfach, alle Komponenten eines Gerichts zu bedienen, deshalb gilt auch hier: Der dominierende Geschmack bestimmt die Weinauswahl. Zu den Bitterstoffen im Fenchel im Mediterranen Reissalat (s. S. 87), den Walnüssen sowie im Babyspinat des Quinoa-Salats (s. S. 86) und den Cashewkernen des Couscous-Salats (s. S. 86) liegt man mit einem leichten, fruchtigen und dezent restsüßen Weißwein mit nicht zu viel Säure richtig, beispielsweise einem Grau- oder Weißburgunder. Oder einfach mal einen Rosé nehmen, der mit seiner roten Frucht und seiner leichten Art mit Sicherheit kein Fehler ist.

Rote Bete und Spargel mit dieser typisch erdigen Aromatik finden im Silvaner oder einem Sauvigon blanc einen Gegenpart. Spargel und Rotwein vertragen sich dagegen nicht besonders gut. Rote Bete ist hingegen ein großer Rotweinliebhaber. Ein Côte-du-Rhône, ein leichter Pinot noir oder ein Rosé-Sekt dazu wären übrigens auch einen Versuch wert.

speisen

VORSPEISEN 85

Mediterraner Reissalat

Quinoa-Salat

Für 4 Personen
175 g Quinoa
1 unbehandelte Limette
10 EL Olivenöl
1 TL Chilipulver
300 ml Wasser
100 g Babyspinat
1 Dose Kichererbsen (425 g)
3 Tomaten
3 EL Zitronensaft
1 TL Honig
1 TL Senf
Salz, Pfeffer

Den Dampfbackofen auf 100 °C Heißluft und 100 % Feuchte vorheizen.

Die Quinoa in ein Sieb geben und unter fließendem lauwarmem Wasser so lange waschen, bis das Wasser klar abläuft. Die Limette heiß abwaschen, trocken reiben und einen Teil der Schale in Zesten abziehen. Danach die Limette halbieren und den Saft auspressen.

Die Quinoa mit 6 EL Olivenöl, 1 TL Limettenzesten, 2 EL Limettensaft und Chilipulver in den ungelochten Garbehälter geben. Das Wasser darübergießen, alles gut vermengen und im Dampfbackofen ca. 25 Minuten dämpfen. Die Quinoa herausnehmen, mit kaltem Wasser durchspülen und in einem feinen Sieb abtropfen lassen.

Den Spinat putzen, gründlich waschen und abtropfen lassen. Die Kichererbsen in einem Sieb abspülen und abtropfen lassen. Die Tomaten waschen, vom Stielansatz befreien und klein schneiden.

Für das Dressing den Zitronensaft mit Honig und Senf verrühren. 4 EL Olivenöl langsam hinzufügen und mit Salz sowie Pfeffer abschmecken.

Die Quinoa mit den restlichen Zutaten vermengen, das Dressing zugeben, alles gut mischen und durchziehen lassen.

Couscous-Salat mit Cranberrys und Cashewkernen

Für 4 Personen
200 g Couscous
200 ml kalte Gemüsebrühe
1 Bund Petersilie
1 Bund Minze
1 Knoblauchzehe
75 ml Zitronensaft
75 ml Olivenöl
200 g Kirschtomaten
½ Bund Frühlingszwiebeln
1 Salatgurke
Salz, Pfeffer
50 g getrocknete Cranberrys
100 g geröstete Cashewkerne

Den Dampfbackofen auf 100 °C Heißluft und 100 % Feuchte vorheizen.

Den Couscous in den ungelochten Garbehälter geben, die Gemüsebrühe zugießen und im Dampfbackofen ca. 4 Minuten dämpfen. Den Couscous herausnehmen und auskühlen lassen.

Petersilie und Minze waschen, trocken schütteln, Blätter abzupfen und hacken. Den Knoblauch schälen und fein würfeln. Zitronensaft, Öl und Knoblauch verrühren. Mit Couscous sowie gehackten Kräutern gut mischen und ca. 1 Stunde durchziehen lassen.

Die Tomaten waschen und halbieren. Die Frühlingszwiebeln putzen, waschen und in Ringe schneiden. Die Gurke waschen, längs halbieren, die Kerne mit einem Löffel herauskratzen und fein würfeln.

Das vorbereitete Gemüse unter den Couscous mischen und mit Salz sowie Pfeffer kräftig abschmecken. Cranberrys und Cashewkerne grob hacken und über den Salat streuen.

Mediterraner Reissalat

Für 4 Personen

150 g schwarzer Reis aus dem Piemont
300 ml kalte Gemüsebrühe
je 1 gelbe und rote Paprikaschote
1 Fenchelknolle
1 Bund Frühlingszwiebeln
100 g gemischte schwarze und grüne Oliven ohne Stein
4 Stängel Basilikum
4 Stängel Petersilie
2 Stängel Dill
3 EL dunkler Balsamico
1 TL körniger Dijon-Senf
Salz, Pfeffer
6 EL Olivenöl
60 g Pecorino

Den Dampfbackofen auf 100 °C Heißluft und 100 % Feuchte vorheizen.

Den Reis mit der Gemüsebrühe in den ungelochten Garbehälter oder in eine Auflaufform geben und im Dampfbackofen ca. 20 Minuten garen. Den Reis herausnehmen und auskühlen lassen.

Die Paprikaschoten waschen, Kerne und weiße Innenhäute entfernen und das Fruchtfleisch in Würfel schneiden. Den Fenchel waschen, vom Strunk befreien, halbieren und in feine Scheiben hobeln oder schneiden. Die Frühlingszwiebeln putzen, waschen und in dünne Ringe schneiden. Die Oliven halbieren.

Für die Vinaigrette die Kräuter waschen, trocken schütteln, Blätter bzw. Spitzen abzupfen und fein hacken. Den Balsamico mit Senf, Salz und Pfeffer verrühren. Das Olivenöl langsam zugießen und zum Schluss die Kräuter unterrühren.

Den Reis mit Gemüse, Oliven und Vinaigrette in einer großen Schüssel vermengen. Den Pecorino hobeln, über den Reissalat streuen und servieren.

Für 4 Personen
500 g weißer Spargel
500 g grüner Spargel
Salz, Pfeffer
Zucker
2 Eiertomaten
80 g dünne Pancettascheiben
1 Schalotte
5 Stängel Petersilie
½ Bund Schnittlauch
3 EL Weißweinessig
1 TL Dijon-Senf
6 EL Olivenöl

Zweierlei Spargelsalat mit Pancettachips

Den Dampfbackofen auf 100 °C Heißluft und 100 % Feuchte vorheizen.

Den weißen Spargel schälen, vom grünen Spargel nur die untere Hälfte der Stange schälen. Von beiden Spargelsorten die holzigen Enden abschneiden. Den weißen Spargel in den gelochten Garbehälter legen, mit Salz, Pfeffer und 1 Prise Zucker würzen und im Dampfbackofen ca. 8–10 Minuten garen. Nach ca. 2 Minuten den grünen Spargel zugeben und mitgaren. Den Spargel herausnehmen und in Eiswasser abschrecken. Die Tomaten waschen, trocken tupfen, kreuzweise einschneiden und im Dampfbackofen im gelochten Garbehälter ca. 3 Minuten garen. Anschließend häuten, Stielansatz sowie Kerngehäuse entfernen und das Fruchtfleisch fein würfeln.

Den Dampfbackofen auf 140 °C Heißluft und 0 % Feuchte erhöhen.

Die Pancettascheiben auf ein mit Backpapier ausgelegtes Backblech legen, ein zweites Backpapier darüberlegen und mit einem weiteren Backblech beschweren. Im Backofen ca. 20 Minuten kross ausbacken.

Für die Vinaigrette die Schalotte schälen und in kleine Würfel schneiden. Die Kräuter waschen und trocken schütteln. Von der Petersilie die Blätter abzupfen und fein hacken, den Schnittlauch in dünne Röllchen schneiden. Weißweinessig mit Senf, 1 Prise Zucker, Schalottenwürfel, Salz und Pfeffer in einer Schüssel verrühren, dabei langsam das Olivenöl einlaufen lassen. Zum Schluss die Kräuter unterheben.

Die Spargelstangen dritteln oder vierteln, mit den Tomatenwürfeln und der Vinaigrette in einer Schüssel vorsichtig mischen. Den Salat auf Teller verteilen und mit Pancettachips dekoriert servieren.

Rote-Bete-Salat mit Himbeervinaigrette

Für 4 Personen

1 kg kleine Rote-Bete-Knollen
50 g geröstete Walnüsse
½ Kästchen Kresse
3 EL Himbeeressig
1 TL Honig
Salz, Pfeffer
5 EL Olivenöl

Den Dampfbackofen auf 100 °C Heißluft und 100 % Feuchte vorheizen.

Die Rote Bete gründlich waschen, in den gelochten Garbehälter legen und im Dampfbackofen ca. 40 Minuten garen. Die Zeit kann je nach Größe der Knollen variieren.

Die Rote Bete in Eiswasser abschrecken, damit sie nicht weiter garen, und anschließend die Schale abziehen. Die Knollen je nach Größe in Scheiben schneiden, sechsteln oder achteln. Die gerösteten Walnüsse grob hacken. Die Kresse kurz abspülen, trocken schütteln und abschneiden.

Für die Vinaigrette den Himbeeressig mit Honig, Salz sowie Pfeffer verrühren und langsam das Olivenöl unterrühren.

In einer Schüssel die Rote Bete mit der Himbeervinaigrette mischen, mit Walnüssen und Kresse bestreut servieren.

Für 4 Personen
450 g Schwarzwurzeln
4 EL Zitronensaft
500 ml Wasser
300 g Karotten
300 g Grünkohl
½ Granatapfel
150 g Feta
5 EL Olivenöl
2 El Weißweinessig
2 TL Senf
1 TL Honig
Salz, Pfeffer

Warmer Grünkohlsalat mit Wurzelgemüse, Feta und Granatapfel

Den Dampfbackofen auf 100 °C Heißluft und 100 % Feuchte vorheizen.

Die Schwarzwurzeln gründlich waschen, schälen und in schräge Scheiben schneiden. Den Zitronensaft mit dem Wasser verrühren. Die Schwarzwurzelscheiben in das Zitronenwasser legen, damit sie sich nicht verfärben. Die Karotten putzen, schälen und in Würfel schneiden. Den Grünkohl waschen, abtropfen lassen, die Stiele entfernen und die Blätter in grobe Stücke schneiden.

Die Schwarzwurzeln und die Karotten nebeneinander in den gelochten Garbehälter geben und im Dampfbackofen ca. 25–30 Minuten dämpfen. 5 Minuten vor Ende der Garzeit den Grünkohl zum restlichen Gemüse geben. Herausnehmen und etwas abkühlen lassen.

Die Kerne aus dem Granatapfel lösen. Den Feta in Würfel schneiden. Aus Olivenöl, Essig, Senf, Honig, Salz und Pfeffer ein Dressing herstellen.

Das Gemüse mit dem Dressing mischen und auf Teller verteilen. Die Granatapfelkerne und den Feta über den Salat streuen.

Tipp: Bei der Verarbeitung von Schwarzwurzeln am besten Handschuhe tragen. Dadurch wird das Verkleben und Verfärben der Hände verhindert.

2

Backen & Wein

Das Grundthema bei Brot und Teig sind die Kohlenhydrate. In Brot sind sie nichts anderes als Mehrfachzucker. Wer mal ein Stück Brot nimmt und es so lange wie möglich kaut, wird bemerken, dass sich ziemlich rasch ein süßlicher Geschmack einstellt. Deshalb schwingt selbst bei Vollkornbroten auch immer eine süßliche Note mit, die man bei der Weinauswahl berücksichtigen kann. Umgekehrt ist aber zu überlegen, ob Brot bei einer Weinprobe zum Neutralisieren wirklich geeignet ist. Durch die leichte Süße wirken die meisten Weine ein wenig gefälliger.

Zielt man nur auf das Brot ab, kann man tatsächlich einen beliebigen Wein nehmen. Die Wahrscheinlichkeit, dass dabei etwas schief geht, ist gering. Die Wahrscheinlichkeit, dass man nur das reine Brot zum Wein isst, allerdings auch.

In einem Teil der Rezepte spielt umami eine große Rolle: der Greyerzer in der Lauchtarte (s. S. 113), die Oliven in den Brötchen (s. S. 98) oder die getrockneten Tomaten und der Serranoschinken im Flammkuchen (s. S. 114). Hierzu einen jungen Wein zu finden, dürfte schwierig sein. Mit einem etwas gereifteren, nicht zu süßen Moselriesling könnte es allerdings sehr abwechslungsreich werden. Oder wie wäre es mit einem gereiften, etwas mineralischen Alvarinho aus Portugal? Oder einem Condrieu, dem bekannten Weißwein aus der Bourgogne? Wer's lieber rot mag, liegt mit einem etwas älteren Brunello oder Cabernet Franc aus Italien nicht schlecht.

Zu den gedämpften Gyoza (s. S. 105), den mit Hackfleisch gefüllten Teigtaschen aus China, ließe sich mit einem Sake experimentieren. Wer lieber klassisch beim Wein bleibt, findet in einem frischen Müller-Thurgau einen guten Begleiter. Der macht sich auch gut zum Flammkuchen mit Ziegenkäse und Birne (s. S. 117) oder aber zur Pizza mit Spinat, Feta und Pinienkernen (s. S. 121).

Natürlich geht auch Rotwein zu den Brot- und Teiggerichten. Zum Beispiel ein Chianti Classico zu Olivenbrötchen (s. S. 98) oder ein Beaujolais-Villages zum Flammkuchen mit Chorizo, Paprika und Heumilchkäse (s. S. 121). Letzterer könnte auch zu den Mini-Kalbsfilets Wellington (s. S. 109) passen. Wer es süß mag, greift beim Flammkuchen mit Apfel und Zimt-Zucker (s. S. 118) zu einem restsüßen Muskateller oder einem klassischen Riesling Kabinett.

Backen & Teig

Olivenbrötchen mit Feta und mediterranen Kräutern

Der kleine Italiener

Olivenbrötchen mit Feta und mediterranen Kräutern

Für 8 Stück

250 g Weizenmehl (Type 550)
250 g Roggenmehl (Type 1150)
5 g Salz
4 EL Olivenöl
½ Würfel frische Hefe (21 g)
  oder 1 Päckchen Trockenhefe
300 ml lauwarmes Wasser (35 °C)
100 g Feta
100 gemischte grüne und
  schwarze Oliven ohne Stein
Weizenmehl zum Bearbeiten
1 EL gehackte gemischte Kräuter
  (z. B. Thymian, Salbei, Rosmarin,
  Oregano, Basilikum)

Den Dampfbackofen in der Gärfunktion auf 38 °C Heißluft vorheizen.

Die Mehle, Salz und Olivenöl in eine Schüssel geben. Die Hefe im lauwarmen Wasser auflösen und zugießen. Alles mit den Knethaken eines Handrührgeräts oder mit den Händen in ca. 10 Minuten zu einem glatten Teig verkneten. Im Dampfbackofen ca. 30 Minuten gehen lassen.

Den Feta in kleine Würfel, die Oliven in Ringe schneiden. Den Teig auf eine leicht bemehlte Arbeitsfläche geben und mit den Händen zu einem Viereck ausbreiten. Feta, Oliven und Kräuter darauf verteilen, den Teig zusammenklappen und nochmals mit den Händen kurz und vorsichtig durchkneten.

Aus dem Teig 8 Brötchen formen und in den mit Backpapier ausgelegten Garbehälter setzen. Die Teiglinge im Dampfbackofen ca. 50 Minuten gehen lassen.

Den Dampfbackofen auf 200 °C Heißluft und 30 % Feuchte erhöhen.

Die Brötchen im Dampfbackofen ca. 25 Minuten backen.

Der kleine Italiener

Für 2 Brote (à 900 g)
Standzeit: ca. 26 Stunden

Anstellgut
50 ml Dinkelmehl (Type 630)
50 ml Wasser

Sauerteig
150 g Dinkelmehl (Type 630)
15 g Anstellgut (s. o.)
150 ml warmes Wasser (40 °C)

Brühstück
230 ml Wasser
50 g feines Dinkelvollkornschrot

Poolish
150 ml lauwarmes Wasser
1 g frische Hefe
150 g Dinkelmehl (Type 630)
4 g getrocknete italienische Kräuter
  (z.B. Thymian, Rosmarin, Oregano,
  Basilikum, Majoran)

Hauptteig
700 g Dinkelmehl (Type 630)
25 g Salz
4 g frische Hefe
320 ml Wasser
80 g gewürfelter Parmesan

Für das Anstellgut das Mehl mit dem Wasser verrühren und abgedeckt 24 Stunden bei Raumtemperatur beiseitestellen.

Für den Sauerteig alle Zutaten in eine Schüssel geben und gut vermischen. Achtung, das Wasser sollte nicht wärmer als 40 °C sein. Den Sauerteig abdecken und an einem warmen Ort mindestens 16 Stunden reifen lassen.

Für das Brühstück das Wasser zum Kochen bringen und mit dem Schrot verrühren. Mindestens 2 Stunden quellen lassen oder besser schon am Vortag ansetzen.

Für den Poolish das Wasser mit der Hefe verrühren. Das Mehl und die Kräuter unterrühren und 2 Stunden abgedeckt im Raum reifen lassen, bis sich das Teigvolumen verdoppelt hat. Dann über Nacht in den Kühlschrank stellen.

Für den Hauptteig Mehl, Salz, Hefe und Wasser mit Sauerteig, Brühstück und Poolish in eine Küchenmaschine geben. Den Teig erst 8 Minuten auf langsamer Stufe, dann 2 Minuten auf schneller Stufe kneten. Dinkel sollte generell langsam geknetet werden. Lässt sich der Teig noch nicht gut verarbeiten, noch einige Minuten langsam weiterkneten. Zum Schluss kurz den Käse unterkneten.

Den fertigen Teig mindesten 90 Minuten abgedeckt bei idealer Temperatur von 25 °C ruhen lassen, dabei alle 30 Minuten dehnen. Nach der Teigruhe den Teig halbieren, erst rundwirken, dann längliche Brote formen und nochmals ca. 45 Minuten abgedeckt bei Raumtemperatur gehen lassen.

Den Backofen mit Backstein inzwischen auf 230 °C Ober- und Unterhitze vorheizen.

Die Brote direkt auf den Backstein geben und im Backofen ca. 30 Minuten backen. Nach 10 Minuten die Temperatur auf 180 °C reduzieren und fertig backen.

Kartoffelbrot

Für ein Brot (1 kg)
13 g Hefe
280 ml lauwarmes Wasser (40 °C)
½ TL Zucker
500 g Weizenmehl
7 g Meersalz
2 EL Sonnenblumenöl
260 g geschälte gekochte Kartoffeln
Weizenmehl zum Bearbeiten
3 EL Rapsöl
5 g Fleur de Sel

Die Hefe in das Wasser bröckeln, Zucker zugeben und alles gut miteinander verrühren. Mehl, Meersalz und Sonnenblumenöl in eine Schüssel geben, die Wasser-Hefe-Mischung zugießen und die Masse in einer Küchenmaschine ca. 8 Minuten zu einem glatten Teig verarbeiten.

Die gekochten Kartoffeln ausdampfen lassen und stampfen. Die Kartoffelmasse unter den Teig heben, anschließend den Teig zu einer Kugel formen und an einem warmen Ort ca. 1 Stunde gehen lassen.

Den Backofen mit Backstein auf 220 °C Ober- und Unterhitze vorheizen.

Den Teig auf einer bemehlten Arbeitsfläche gut durchkneten, zu einem runden Brotlaib formen und nochmals ca. 30 Minuten gehen lassen.

Einen Holzschieber leicht bemehlen, abklopfen und das Brot darauf ziehen. Kurz vor dem Backen das Kartoffelbrot von oben mit Rapsöl bestreichen und mit Fleur de Sel bestreuen. Auf den heißen Stein setzen und 20–30 Minuten backen.

Das Brot nach dem Backen auf einem Gitterrost abkühlen lassen und frisch genießen.

Orientalische Buns mit Hackfleischfüllung

Für 18 Buns

Buns
150 ml Milch
450 g Weizenmehl
1 TL Backpulver
1 EL Sonnenblumenöl
150 g Naturjoghurt
2 kleine Eier
1 Päckchen Trockenhefe
½ TL Salz
Weizenmehl zum Bearbeiten
2 EL Schwarzkümmelsamen

Hackfüllung
150 g Zwiebeln
40 g Ingwer
2 EL Sesamöl
400 g Rinderhackfleisch
1 EL Tomatenmark
½ EL Chiliflocken
1 EL Garam Masala
1 TL gemahlener Kreuzkümmel
1 TL gemahlener Koriander
200 ml Rinderbrühe
Salz, Pfeffer
½ Bund Koriander

Den Dampfbackofen in der Gärfunktion auf 38 °C Heißluft vorheizen.

Für die Buns Milch, Mehl, Backpulver, Öl, Joghurt, 1 Ei, Hefe und Salz in einer Küchenmaschine zu einem geschmeidigen Teig verarbeiten. Den Teig im Dampfbackofen ca. 50 Minuten gehen lassen.

Für die Hackfüllung Zwiebeln sowie Ingwer schälen und klein würfeln. Das Sesamöl in einer beschichteten Pfanne erhitzen. Zwiebeln und Ingwer darin glasig dünsten. Hackfleisch, Tomatenmark, Chiliflocken, Garam Masala, Kreuzkümmel und Koriander zufügen, alles vermischen und ca. 10 Minuten bei mittlerer bis hoher Temperatur rösten. Mit Brühe ablöschen, aufkochen und weiterkochen, bis die Flüssigkeit fast vollständig verkocht ist. Mit Salz sowie Pfeffer abschmecken. Den frischen Koriander waschen, trocken schütteln, die Blätter abzupfen, hacken und unter die Hackfleischmasse mischen. Die Pfanne vom Herd nehmen.

Den Teig auf einer leicht bemehlten Arbeitsfläche ca. 3 mm dünn ausrollen und 18 Kreise (ca. ⌀ 10 cm) ausstechen. Das übrige Ei verquirlen und die Teigkreise damit bestreichen. Etwas Füllung daraufgeben und die Teigränder vorsichtig über der Füllung zusammenklappen. Leicht andrücken und mit der Naht nach unten auf ein mit Backpapier ausgelegtes Backblech legen. Die Buns mit dem restlichen Ei bepinseln und mit Schwarzkümmel bestreuen.

Die Brötchen im Dampfbackofen ca. 15 Minuten gehen lassen. Anschließend die Ofentemperatur auf 210 °C Heißluft und 0 % Feuchte erhöhen.

Buns in den gelochten Garbehälter legen und im Dampfbackofen ein- bis zweimal beschwaden. Ca. 12–15 Minuten backen, aus dem Ofen nehmen und servieren.

Maultaschen mit Zwiebelschmelze

Für 4 Personen

Nudelteig
300 g Weizenmehl
3 Eier
1 EL Olivenöl
½ TL Salz
Weizenmehl zum Bearbeiten

Füllung
150 g gefrorener Blattspinat
1 Weizenbrötchen
100 ml Milch
1 kleine Zwiebel
3 Frühlingszwiebeln
½ Bund Petersilie
100 g Speckwürfel
300 g gemischtes Hackfleisch
1 Ei
Salz, Pfeffer

Zwiebelschmelze
500 g Zwiebeln
2 EL Pflanzenöl
Salz, Pfeffer

Für den Nudelteig das Mehl in eine Schüssel sieben. Eier, Olivenöl und Salz zugeben. Die Zutaten mit den Händen oder in einer Küchenmaschine mit Knethaken zuerst auf geringer, dann auf höherer Einstellung zu einem glatten, geschmeidigen Teig verarbeiten. Den Teig zu einer Kugel formen und abgedeckt ca. 1 Stunde ruhen lassen.

Für die Füllung den Spinat auftauen lassen, sehr gut ausdrücken und hacken. Das Brötchen in kleine Würfel schneiden, in der Milch einweichen und anschließend ebenfalls gut ausdrücken. Zwiebel schälen und in Würfel schneiden. Frühlingszwiebeln putzen, waschen und in Ringe schneiden. Petersilie waschen, trocken schütteln, Blätter abzupfen und hacken.

In einer heißen Pfanne die Speckwürfel knusprig auslassen. Zwiebel und Frühlingszwiebeln zugeben und im Speckfett anschwitzen. Alles auskühlen lassen. Das Ei trennen. Eigelb mit Hackfleisch, Spinat, Brötchen, Petersilie und dem ausgekühlten Pfanneninhalt vermischen. Mit Salz und Pfeffer würzen

Den Nudelteig auf einer leicht bemehlten Arbeitsfläche kurz kneten. Portionsweise mit einer Nudelmaschine ausrollen, sodass 14–15 cm breite Teigbahnen entstehen.

Den Dampfbackofen auf 100 °C Heißluft und 100 % Feuchte vorheizen.

Die Füllung mithilfe von 2 Teelöffeln oder eines Spritzbeutels in zwei übereinanderliegenden Streifen auf die unteren Hälften der Teigbahnen spritzen. Das übrig gebliebene Eiweiß verquirlen. Jeweils die obere Teigbahnhälfte mit dem Eiweiß bestreichen, zuerst die untere Teigbahn und dann die obere über die Füllung klappen. Mithilfe eines Kochlöffelstiels in gleichmäßigen Abständen Mulden eindrücken und so Taschen abteilen. Die Maultaschen anschließend auseinanderschneiden und die Enden gut zusammendrücken.

Die Maultaschen in den mit Backpapier ausgelegten Garbehälter legen und im Dampfbackofen ca. 15 Minuten dämpfen.

Für die Zwiebelschmelze Zwiebeln schälen und in Streifen schneiden. In einer Pfanne das Pflanzenöl erhitzen und die Zwiebeln bei mittlerer Temperatur langsam goldbraun schmelzen lassen. Mit Salz und Pfeffer abschmecken und zu den Maultaschen servieren.

Gyoza mit Hackfleischfüllung

Für ca. 24 Stück

Teig
250 g Weizenmehl
150 ml Wasser
Weizenmehl zum Bearbeiten

Füllung
20 g Ingwer
80 g weiche Chinakohlblätter
1 Frühlingszwiebelgrün
200 g Schweinehackfleisch
1 Ei
½ TL Salz
2 ½ EL dunkle Sojasauce
1 EL helle Sojasauce
2 EL Pflanzenöl

Für den Teig das Mehl auf eine Arbeitsplatte geben und in die Mitte eine Mulde drücken. Das Wasser nach und nach hineingießen und mithilfe der Hände mit dem Mehl vermischen. Anschließend so lange kneten, bis ein glatter, elastischer Teig entsteht. Bei Bedarf etwas Mehl oder Wasser zufügen. Abgedeckt ca. 30 Minuten ruhen lassen.

Für die Füllung Ingwer schälen und fein hacken. Chinakohlblätter putzen, waschen und in kleine Stücke schneiden. Das Frühlingszwiebelgrün putzen, waschen und in feine Ringe schneiden. Alle Zutaten gründlich mit Fleisch und Ei mischen, kräftig mit Salz sowie Sojasaucen abschmecken.

Den Dampfbackofen auf 100 °C Heißluft und 100 % Feuchte vorheizen.

Den Teig nochmals kräftig durchkneten, zu einer daumendicken Rolle formen und in 24 Teile schneiden. Diese auf die Schnittfläche legen, mit dem Handteller flach drücken und dann mit einem Nudelholz rund (ca. ⌀ 10 cm) ausrollen. Damit sie nicht aneinanderkleben, die Teigplatten mit sehr wenig Mehl bestäuben und aufeinanderstapeln. Das verhindert das Austrocknen bis zur Weiterverarbeitung.

Zum Füllen eine Teigplatte in die Hand nehmen, etwa 1 TL Füllung in die Mitte setzen und die beiden Hälften mit ein paar Falten so aufeinander schlagen, dass ein 1 cm breiter Rand ähnlich eines Hahnenkamms entsteht. Die Taschen aufrecht setzen und den Rand unbedingt kräftig zusammendrücken, damit sie nicht aufplatzen.

Die Gyoza in den gelochten Garbehälter geben und im Dampfbackofen ca. 15 Minuten dämpfen.

Das Öl in einer Pfanne erhitzen und die gedämpften Gyoza darin bis zur gewünschten Bräune auf einer Seite anbraten.

Kräutercrêpe-Röllchen mit Wildlachs, grünem und weißem Spargel und Saiblingskaviar

Für 4 Personen
Standzeit: 2 Stunden

Füllung
500 g weißer Spargel
500 g grüner Spargel
Salz, Pfeffer
1 Prise Zucker
200 g Naturfrischkäse
100 g Crème fraîche
1 Spritzer Zitronensaft
200 g geräucherte Wildlachs-Scheiben
30 g Saiblingskaviar

Crêpes
4 EL Pflanzenöl zum Einfetten
60 g Butter
4 Stängel Petersilie
4 Stängel Schnittlauch
4 Stängel Dill
300 g Weizenmehl
500 ml Milch
4 Eier
2 Prisen Salz

Den Dampfbackofen auf 100 °C und 100 % Feuchte vorheizen. Den ungelochten Garbehälter mit etwas Öl einfetten und im Backofen mit aufheizen lassen.

Für die Füllung die Spargelsorten waschen. Den weißen Spargel schälen, vom grünen Spargel nur die untere Hälfte der Stangen schälen. Von beiden Spargelsorten die holzigen Enden abschneiden. Den weißen Spargel in den gelochten Garbehälter legen, mit Salz, Pfeffer und Zucker würzen und im Dampfbackofen ca. 8–10 Minuten garen. Nach ca. 2 Minuten den grünen Spargel zugeben und mitgaren. Den Spargel herausnehmen und in Eiswasser abschrecken. Frischkäse mit Crème fraîche, Zitronensaft, Salz sowie Pfeffer verrühren.

Den Dampfbackofen auf 200 °C und 30 % Feuchte erhöhen.

Für die Crêpes die Butter in einem Topf schmelzen und die Kräuter waschen, trocken schütteln, die Blätter abzupfen und fein hacken. Das Mehl mit der Milch und den Eiern verrühren und die Butter, Kräuter sowie das Salz anschließend unterrühren. ¼ der Masse in den erhitzten Garbehälter füllen und 8–10 Minuten backen. Herausholen, den Crêpe aus der Form lösen und etwas abkühlen lassen. Erneut einfetten und mit dem restlichen Teig genauso verfahren. Die gebackenen Crêpes auf Frischhaltefolie legen und mit der Frischkäsecreme bestreichen. Den Lachs sowie die Spargelstangen darauf verteilen. Die übrig gebliebene Frischkäsecreme in einen Spritzbeutel füllen und die Zwischenräume der Spargelstangen mit der Creme füllen. Die Crêpes mithilfe der Folie fest zusammenrollen und die Enden eindrehen. Im Kühlschrank ca. 2 Stunden kalt stellen. Die Rollen aus der Folie wickeln, in ca. 1–2 cm dicke Scheiben schneiden und den Saiblingskaviar darauf verteilen. Sofort servieren.

BACKEN & TEIG 107

Mini-Kalbsfilet „Wellington" mit Parmaschinken

Für 4 Personen

300 g Champignons
2 Schalotten
1 Knoblauchzehe
2 Stängel Petersilie
4 EL Sonnenblumenöl
Salz, Pfeffer
4 Kalbsfilet-Medaillons (à ca. 100 g)
500 g frischer Blätterteig aus dem Kühlregal
Weizenmehl zum Bearbeiten
4 Scheiben Parmaschinken
1 Ei
2 EL Milch

Den Dampfbackofen auf 220 °C Heißluft und 30 % Feuchte vorheizen.

Die Champignons trocken säubern, z. B. mit einem Küchenpinsel. Sind sie sehr verschmutzt, ganz kurz in Wasser schwenken, trocken tupfen und fein hacken. Schalotten sowie Knoblauch schälen und in kleine Würfel schneiden. Die Petersilie waschen, trocken schütteln, die Blättchen abzupfen und fein hacken.

In einer Pfanne 2 EL Sonnenblumenöl erhitzen, die Schalotten glasig dünsten. Knoblauch und Champignons zugeben und mitbraten, mit Salz und Pfeffer würzen. Zum Schluss die gehackte Petersilie unterziehen und die Masse abkühlen lassen. Die Kalbsfilets waschen, trocken tupfen, mit Salz und Pfeffer würzen und in einer Pfanne im restlichen heißen Öl rundherum anbraten. Herausnehmen und ebenfalls abkühlen lassen. Mit Küchenpapier abtupfen.

Den Blätterteig auf einer bemehlten Arbeitsfläche auslegen und 8 Kreise (à ca. ⌀ 12 cm) ausstechen. Die Parmaschinken-Scheiben auslegen und jeweils mit ¼ der Pilzmasse bestreichen. Die Kalbsfilets darauflegen und mit dem Schinken umwickeln. Jedes Kalbsfilet-Päckchen mittig auf einen Blätterteigboden setzen. Das Ei mit Milch verrühren und die Ränder der restlichen 4 Kreise damit einstreichen. Jeweils einen Teigkreis über die Kalbsfilets legen und die Ränder festdrücken.

Aus den Blätterteigresten feine Streifen schneiden. Die Blätterteigstreifen schräg über die Päckchen legen und etwas andrücken. Die Blätterteigtaschen mit Ei bestreichen und in den ungelochten, mit Backpapier ausgelegten Garbehälter setzen.

Im Dampfbackofen ca. 17 Minuten backen.

Spargelquiche

Für 4 Personen

Teig
125 g weiche Butter
250 g Weizenmehl
1 Ei
1 TL Salz
Butter zum Einfetten
Weizenmehl zum Bearbeiten

Belag
600 g gemischter grüner und weißer Spargel
Salz, Pfeffer
1 Prise Zucker
½ Bund Frühlingszwiebeln
10 Stängel Kerbel
4 Eier
150 ml Milch
150 g Ziegenfrischkäse
Muskatnuss

Für den Teig Butter, Mehl, Ei sowie Salz zu einem glatten Teig verkneten. Bei Bedarf etwas kaltes Wasser zufügen. Den Teig zu einer Kugel formen, in Frischhaltefolie wickeln und ca. 30 Minuten an einem kühlen Ort ruhen lassen.

Den Backofen auf 180 °C Ober- und Unterhitze vorheizen.

Eine Spring- oder Quicheform (⌀ 28 cm) mit Butter einfetten. Den Teig auf einer bemehlten Arbeitsfläche zu einem Kreis von ca. 32 cm Durchmesser ausrollen. Den Teig so in die Form legen, dass auch der Rand bedeckt ist. Den Boden mit einer Gabel mehrmals einstechen.

Den Quicheboden im Backofen ca. 10 Minuten vorbacken und abkühlen lassen. Den Backofen nicht ausschalten.

Den Dampfbackofen auf 100 °C Heißluft und 100 % Feuchte vorheizen.

Den weißen Spargel schälen, vom grünen Spargel nur die untere Hälfte der Stange schälen. Von beiden Spargelsorten die holzigen Enden abschneiden. Den weißen Spargel in den gelochten Garbehälter legen, mit Salz, Pfeffer und Zucker würzen und im Dampfbackofen ca. 8–10 Minuten garen. Nach ca. 2 Minuten den grünen Spargel zugeben und mitgaren. Den Spargel herausnehmen und in Eiswasser abschrecken.

Die Frühlingszwiebeln waschen und in feine Ringe schneiden. Den Kerbel waschen, trocken schütteln und die Blätter abzupfen.

Eier, Milch und Ziegenfrischkäse miteinander verrühren und mit Salz, Pfeffer sowie frisch gemahlener Muskatnuss würzen. Den Spargel auf dem Quicheboden verteilen, mit den Frühlingszwiebeln und Kerbelblätter bestreuen und anschließend mit der Ei-Käse-Milch übergießen.

Die Quiche im Backofen ca. 45 Minuten backen und lauwarm genießen.

BACKEN & TEIG 111

Tomaten-Lauch-Tarte mit Greyerzer

Für 6 Personen

Teig
500 g Weizenmehl
2 Prisen Salz
250 g kalte Butter
2 Eier
Butter zum Einfetten
Weizenmehl zum Bearbeiten

Belag
300 g gemischte gelbe und rote Kirschtomaten
600 g Lauch
6 Zweige Thymian
800 ml Sahne
10 Eier
6 EL Olivenöl
Salz, Pfeffer
4 EL Pflanzenöl
200 g frisch geriebener Greyerzer

Für den Teig das Weizenmehl mit Salz in einer Schüssel mischen. Butter in kleine Flöckchen schneiden und mit den Eiern zum Mehl geben. Alle Zutaten mithilfe einer Küchenmaschine zu einem glatten Teig verkneten. Den Teig zu einer Kugel formen, in Frischhaltefolie wickeln und ca. 30 Minuten kühl stellen.

Den Backofen auf 200 °C Heißluft vorheizen.

Den ungelochten Garbehälter mit Butter einfetten. Den Teig auf einer bemehlten Arbeitsfläche mit einem Nudelholz ausrollen und die Form damit auslegen, dabei einen Rand hochdrücken. Den Teig mit einer Gabel mehrmals einstechen.

Den Tarteboden im unteren Drittel des Backofens ca. 10 Minuten vorbacken. Herausnehmen und kurz abkühlen lassen. Den Ofen nicht ausschalten.

Für den Belag die Tomaten waschen, abtropfen lassen und halbieren. Lauch putzen, waschen und in feine Streifen schneiden. Thymian waschen, trocken schütteln und die Blättchen abzupfen. Die Sahne mit Eiern und Olivenöl verrühren, dann mit Salz sowie Pfeffer würzen.

Den Lauch in heißem Pflanzenöl ca. 4–5 Minuten anbraten und auf dem Teig verteilen. Erst mit dem Käse bestreuen, dann die Eier-Sahne darübergießen. Die Tomaten mit der Schnittfläche nach oben darauflegen und mit Thymian bestreuen.

Die Tarte im Backofen ca. 35–45 Minuten backen.

Tipp: Statt Greyerzer kann auch die gleiche Menge geriebener Parmesan verwendet werden.

Flammkuchen mit Kürbis, getrockneten Tomaten, Serranoschinken, Bergkäse und Rucola

Für 4 Flammkuchen

Teig
500 g Weizenmehl
20 g frische Hefe
ca. 300 ml warmes Wasser
1 EL Olivenöl
1 Prise Salz
1 Prise Zucker
Weizenmehl zum Bearbeiten

Belag
200 g Crème fraîche
2 EL Milch
Salz, Pfeffer
300 g Butternutkürbis
100 g getrocknete Tomaten
40 g Rucola
150 g geriebener Bergkäse
40 g Serranoschinken

Den Dampfbackofen in der Gärfunktion auf 38 °C Heißluft vorheizen.

Für den Teig alle Zutaten in die Rührschüssel einer Küchenmaschine geben und zu einem glatten und elastischen Teig verarbeiten. Im Dampfbackofen ca. 30 Minuten gehen lassen, bis sich das Teigvolumen verdoppelt hat.

Den Backofen mit Backstein auf 300 °C Backsteinfunktion vorheizen.

Für den Belag Crème fraîche mit Milch verrühren und mit Salz sowie Pfeffer würzen. Den Kürbis schälen, halbieren, Kerne entfernen und das Fruchtfleisch in Scheiben schneiden.

Die getrockneten Tomaten grob würfeln. Den Rucola waschen und trocken schleudern.

Den Teig auf einer leicht bemehlten Arbeitsfläche zu Kugeln (à ca. 100 g) formen und nacheinander zu runden, dünnen Fladen ausrollen. Einen Holzschieber leicht bemehlen, abklopfen und einen Flammkuchen darauf ziehen.

Den ersten ausgerollten Teig mit einem Viertel der Creme bestreichen und dabei einen 1 cm breiten Rand freilassen. Kürbis, getrocknete Tomaten und Käse gleichmäßig auf den Flammkuchen verteilen. Sofort auf den heißen Stein setzen und ca. 3–4 Minuten backen. Herausnehmen und Schinken sowie Rucola darauf verteilen. Noch heiß servieren.

Die übrigen Flammkuchen nacheinander auf die gleiche Art belegen und backen.

Für 4 Flammkuchen

Teig
500 g Weizenmehl
20 g frische Hefe
ca. 300 ml warmes Wasser
1 EL Olivenöl
1 Prise Salz
1 Prise Zucker
Weizenmehl zum Bearbeiten

Belag
200 g Crème fraîche
2 EL Milch
Salz, Pfeffer
200 g Ziegenweichkäse (Rolle)
2 Zwiebeln
2 Birnen
6 Zweige Thymian

Flammkuchen mit Ziegenkäse, Zwiebel und Birne

Den Dampfbackofen in der Gärfunktion auf 38 °C Heißluft vorheizen.

Für den Teig alle Zutaten in die Rührschüssel einer Küchenmaschine geben und zu einem glatten und elastischen Teig verarbeiten. Im Dampfbackofen ca. 30 Minuten gehen lassen, bis sich das Teigvolumen verdoppelt hat.

Den Backofen mit Backstein auf 300 °C Backsteinfunktion vorheizen.

Für den Belag Crème fraîche mit Milch verrühren und mit Salz sowie Pfeffer würzen. Den Ziegenkäse in kleine Würfel schneiden. Die Zwiebeln schälen, halbieren und in Ringe schneiden. Die Birnen waschen, trocknen, vierteln, das Kerngehäuse entfernen und das Fruchtfleisch in dünne Spalten schneiden. Den Thymian waschen, trocken schütteln und die Blättchen abzupfen.

Den Teig auf einer leicht bemehlten Arbeitsfläche zu Kugeln (à ca. 100 g) formen und nacheinander zu runden dünnen Fladen ausrollen. Einen Holzschieber leicht bemehlen, abklopfen und einen Flammkuchen darauf ziehen.

Den ersten ausgerollten Teig mit einem Viertel der Creme bestreichen und dabei einen 1 cm breiten Rand freilassen. Käse, Zwiebeln und Birnen gleichmäßig auf dem Flammkuchen verteilen. Sofort auf den heißen Stein setzen und ca. 3–4 Minuten backen. Herausnehmen und mit Thymian bestreuen. Noch heiß servieren.

Die übrigen Flammkuchen nacheinander auf die gleiche Art belegen und backen.

Flammkuchen mit Beeren

Für 4 Flammkuchen

Teig
500 g Weizenmehl
20 g frische Hefe
ca. 300 ml warmes Wasser
1 EL Olivenöl
1 Prise Salz
1 Prise Zucker
Weizenmehl zum Bearbeiten

Belag
200 g Crème fraîche
2 EL Milch
125 g Himbeeren
125 g Brombeeren
125 g Johannisbeeren
50 g gehobelte Mandeln
4 EL Zucker
2 TL Zimt

Den Dampfbackofen in der Gärfunktion auf 38 °C Heißluft vorheizen.

Für den Teig alle Zutaten in die Rührschüssel einer Küchenmaschine geben und zu einem glatten und elastischen Teig verarbeiten. Im Dampfbackofen ca. 30 Minuten gehen lassen, bis sich das Teigvolumen verdoppelt hat.

Den Backofen mit Backstein auf 300 °C Backsteinfunktion vorheizen.

Für den Belag Crème fraîche mit Milch verrühren. Die Beeren verlesen, waschen und gut abtropfen lassen. Johannisbeeren von den Rispen zupfen. Die Mandeln in einer Pfanne ohne Zugabe von Fett rösten. Den Zucker mit dem Zimt vermischen.

Den Teig auf einer leicht bemehlten Arbeitsfläche zu Kugeln (à ca. 100 g) formen und nacheinander zu runden, dünnen Fladen ausrollen. Einen Holzschieber leicht bemehlen, abklopfen und einen Flammkuchen darauf ziehen.

Den ersten ausgerollten Teig mit einem Viertel der Creme bestreichen und dabei einen 1 cm breiten Rand freilassen. Mit Zucker und Zimt bestreuen. Sofort auf den heißen Stein setzen und ca. 3–4 Minuten backen. Den gebackenen Flammkuchen mit den Beeren belegen und die gerösteten Mandeln darüber verteilen. Noch heiß servieren.

Die übrigen Flammkuchen nacheinander auf die gleiche Art belegen und backen.

Tipp: Den gebackenen Flammkuchen vor dem Servieren mit Puderzucker bestäuben.

Flammkuchen mit Apfel und Zimt

Für 4 Flammkuchen

Teig
500 g Weizenmehl
20 g frische Hefe
ca. 300 ml warmes Wasser
1 EL Olivenöl
1 Prise Salz
1 Prise Zucker
Weizenmehl zum Bearbeiten

Belag
200 g Crème fraîche
2 EL Milch
2 große Äpfel
4 EL Zucker
2 TL Zimt

Den Dampfbackofen in der Gärfunktion auf 38 °C Heißluft vorheizen.

Für den Teig alle Zutaten in die Rührschüssel einer Küchenmaschine geben und zu einem glatten und elastischen Teig verarbeiten. Im Dampfbackofen ca. 30 Minuten gehen lassen, bis sich das Teigvolumen verdoppelt hat.

Den Backofen mit Backstein auf 300 °C Backsteinfunktion vorheizen.

Für den Belag Crème fraîche mit Milch verrühren. Die Äpfel waschen, schälen, vierteln und das Kerngehäuse entfernen. Das Fruchtfleisch in dünne Scheiben schneiden. Den Zucker mit dem Zimt vermengen.

Den Teig auf einer leicht bemehlten Arbeitsfläche zu Kugeln (à ca. 100 g) formen und nacheinander zu runden, dünnen Fladen ausrollen. Einen Holzschieber leicht bemehlen, abklopfen und einen Flammkuchen darauf ziehen.

Den ersten ausgerollten Teig mit einem Viertel der Creme bestreichen und dabei einen 1 cm breiten Rand freilassen. Ein Viertel der Apfelscheiben auf dem Flammkuchen verteilen und mit etwas Zimtzucker bestreuen. Sofort auf den heißen Stein setzen und ca. 3–4 Minuten backen.

Die übrigen Flammkuchen nacheinander auf die gleiche Art belegen und backen.

Tipp: Den gebackenen Flammkuchen vor dem Servieren mit Minzeblättern bestreuen.

Pizza mit Paprika, Chorizo, Heumilchkäse und Bärlauch

Für 2 Pizzen

Teig
300 g Weizenmehl (Type 550)
5 g Trockenhefe
1 Prise Zucker
ca. 190 ml lauwarmes Wasser
2 EL Olivenöl
¼ TL Salz
Weizenmehl zum Bearbeiten

Belag
200 g Chorizo
1 kleine rote Paprikaschote
1 Handvoll Bärlauch
400 g passierte Tomaten
2 TL Pizzagewürz
Salz, Pfeffer
200 g geriebener Heumilchkäse
1 EL Olivenöl

Für den Pizzateig das Mehl in eine Schüssel geben und mit Hefe sowie Zucker vermischen. Wasser, Olivenöl und Salz zufügen und in einer Küchenmaschine oder mit den Knethaken eines Handrührgeräts mindestens 5 Minuten zu einem glatten Teig verarbeiten. Aus der Masse 2 Teigballen formen, mit einem Küchenhandtuch abdecken und an einem warmen Ort 30–45 Minuten gehen lassen, bis sich das Teigvolumen deutlich vergrößert hat.

Den Backofen mit Backstein auf 300 °C Backsteinfunktion vorheizen.

Für den Belag die Chorizo ggf. häuten und in Scheiben schneiden. Paprikaschote waschen, Kerne und weiße Innenhäute entfernen und das Fruchtfleisch in feine Streifen schneiden. Den Bärlauch waschen, trocken schleudern und in Streifen schneiden. Für die Sauce die passierten Tomaten mit Pizzagewürz, Salz und Pfeffer verrühren.

Die Teige nacheinander auf einer leicht bemehlten Arbeitsfläche rund ausrollen. Die Tomatensauce gleichmäßig auf den Pizzen verteilen und mit Heumilchkäse bestreuen. Gleichmäßig mit Paprika und Chorizo belegen.

Die Pizzen nacheinander im Backofen ca. 5–7 Minuten knusprig backen. Aus dem Ofen holen, mit Bärlauch bestreuen, mit Olivenöl beträufeln und sofort servieren.

Pizza mit Spinat, Feta und Pinienkernen

Für 2 Pizzen

Teig
300 g Weizenmehl (Type 550)
5 g Trockenhefe
1 Prise Zucker
ca. 190 ml lauwarmes Wasser
2 EL Olivenöl
¼ TL Salz
Weizenmehl zum Bearbeiten

Belag
200 g passierte Tomaten
2 TL Pizzagewürz
Salz, Pfeffer
30 g Babyspinat
200 g Feta
250 g Kirschtomaten
150 g geriebener Mozzarella
20 g Pinienkerne
1 Spritzer Zitronensaft
1 TL Olivenöl

Für den Pizzateig das Mehl in eine Schüssel geben und mit Hefe sowie Zucker vermischen. Wasser, Olivenöl und Salz zufügen und in einer Küchenmaschine oder mit den Knethaken eines Handrührgeräts mindestens 5 Minuten zu einem glatten Teig verarbeiten. Aus der Masse 2 Teigballen formen, mit einem Küchenhandtuch abdecken und an einem warmen Ort 30–45 Minuten gehen lassen, bis sich das Teigvolumen deutlich vergrößert hat.

Den Backofen mit Backstein auf 300 °C Backsteinfunktion vorheizen.

Für den Belag die passierten Tomaten mit Pizzagewürz, Salz und Pfeffer würzen. Den Spinat putzen, gründlich waschen und trocken schleudern. Den Feta mit einer Gabel zerbröckeln. Die Tomaten waschen und abtropfen lassen.

Die Teige nacheinander auf einer leicht bemehlten Arbeitsfläche rund ausrollen. Die Tomatensauce gleichmäßig auf den Pizzen verteilen, mit Feta sowie Mozzarella bestreuen und mit den Kirschtomaten belegen.

Die Pizzen nacheinander im Backofen ca. 5–7 Minuten knusprig backen. Die Pinienkerne in einer Pfanne ohne Zugabe von Fett goldbraun rösten und den Spinat mit Zitronensaft und Olivenöl vermengen. Die Pizzen aus dem Ofen holen, mit Spinat und Pinienkernen belegen und sofort servieren.

3 Veg

etarisch

123

Eier aus dem Dampf mit Grüner Sauce

VEGETARISCH 125

Ei und Rahmspinat mit Trüffel im Glas

Eier aus dem Dampf mit Grüner Sauce

Für 4 Personen

Eier
8 Eier (Größe M), Zimmertemperatur

Grüne Sauce
1 Packung Kräuter für
   Frankfurter Grüne Sauce
100 g Crème fraîche
100 g Schmand
100 g Joghurt
20 ml Sonnenblumenöl
Milch bei Bedarf
1 TL mittelscharfer Senf
Weißweinessig
Salz, Pfeffer
Honig
2 Schalotten
2 Gewürzgurken

Den Dampfbackofen auf 100 °C Heißluft und 100 % Feuchte vorheizen.

Die Eier in den gelochten Garbehälter geben und im Dampfbackofen je nach gewünschter Konsistenz garen (siehe Tipp). Herausholen und mit kaltem Wasser abschrecken.

Alle Kräuter waschen, trocken schütteln, die Blätter von den Stängeln zupfen und grob hacken. Mit Crème fraîche mischen und in einem Mixer fein pürieren. Schmand mit Joghurt und Sonnenblumenöl glatt rühren, die pürierten Kräuter zugeben und bei Bedarf etwas Milch zugießen. Mit Senf, Weißweinessig, Salz, Pfeffer und Honig abschmecken.

Die Schalotten schälen, mit den Gewürzgurken in Würfel schneiden und zusammen unter die Grüne Sauce rühren.

Die Eier schälen und mit der Grünen Sauce servieren.

Tipp: Um Eier der Größe M im Dampfbackofen weich zu garen, benötigt man 6 Minuten, 10 Minuten für wachsweiche und 16 Minuten für hart gekochte Eier.

Ei und Rahmspinat mit Trüffel im Glas

Für 4 Personen
300 g Blattspinat
2 Schalotten
1 Knoblauchzehe
10 g schwarzer Trüffel
1 EL Butter
1–2 EL Sahne
Salz, Pfeffer
Muskatnuss
4 Eier

Den Dampfbackofen auf 100 °C Heißluft und 100 % Feuchte vorheizen.

Den Spinat putzen, gut waschen, abtropfen lassen und die harten Stiele entfernen. In den gelochten Garbehälter geben und im Dampfbackofen ca. 3–4 Minuten dämpfen. Gut ausdrücken und anschließend hacken.

Den Dampfbackofen nicht ausschalten, um damit bei gleicher Einstellung die Eier zuzubereiten.

Schalotten sowie Knoblauch schälen und fein würfeln. Die Hälfte des Trüffels fein hacken. Die Butter erhitzen, Schalotten und Knoblauch zugeben und kurz anschwitzen. Spinat, gehackter Trüffel sowie die Sahne zugeben und mit Salz, Pfeffer sowie frisch geriebener Muskatnuss abschmecken.

Den Trüffel-Spinat auf 4 Weckgläser verteilen und leicht andrücken. Je 1 Ei vorsichtig in jedes Glas aufschlagen. Die Gläser verschließen, in den gelochten Garbehälter geben und im Dampfbackofen ca. 12–15 Minuten garen. Aus dem Ofen nehmen und vor dem Servieren den restlichen Trüffel auf die Eier hobeln.

Brokkoli-Flan auf Tomatenragout

Für 6 Personen

Brokkoli-Flan
600 g Brokkoli
200 g Blattspinat
6 Eier
200 ml Milch
200 ml Sahne
Salz, Pfeffer
Muskatnuss
Butter zum Einfetten und Anbraten

Tomatenragout
2 Stängel Basilikum
1 kleine Zwiebel
1 Knoblauchzehe
1 Dose stückige Tomaten (400 g)
1 EL Olivenöl
1 Prise Zucker
Salz, Pfeffer

Den Dampfbackofen auf 100 °C Heißluft und 100 % Feuchte vorheizen.

Den Brokkoli waschen und die Röschen vom Strunk lösen. Den Strunk schälen, klein schneiden und zusammen mit den Röschen im ungelochten Garbehälter im Dampfbackofen ca. 10–15 Minuten dämpfen.

Den Spinat putzen, gründlich waschen und nach 5 Minuten zum Brokkoli geben. Strunk, Röschen und Spinat herausnehmen, in Eiswasser abschrecken und gut abtropfen lassen.

Den Dampfbackofen auf 90 °C Heißluft und 100 % Feuchte reduzieren.

500 g Brokkoli, Spinat, Eier, Milch, Sahne, Salz, Pfeffer und frisch geriebene Muskatnuss in einem Mixer fein pürieren. Die Masse in 6 kleine, gebutterte Förmchen (Ø 9 cm) füllen. Die Förmchen in den gelochten Dampfeinsatz geben, mit Frischhaltefolie abdecken und ca. 40–45 Minuten dämpfen.

Für das Tomatenragout Basilikum waschen, trocken schleudern, die Blätter abzupfen und fein schneiden. Zwiebel und Knoblauch schälen, fein würfeln und in heißem Olivenöl glasig anschwitzen. Stückige Tomaten zugeben, mit jeweils einer Prise Zucker und Salz würzen und bei niedriger Temperatur ca. 30–40 Minuten köcheln lassen. Basilikum zugeben und mit Salz, Pfeffer und evtl. etwas Zucker nachwürzen. Die restlichen Brokkoli-Röschen in einer Pfanne in etwas Butter kurz anbraten und mit Salz würzen.

Das Tomatenragout in tiefe Teller geben, die Brokkoli-Flans darauf stürzen und die angebratenen Brokkoli-Röschen außen herum verteilen.

Ofenkartoffeln mit dreierlei Dips

Für 4 Personen
8 große Kartoffeln (à ca. 250 g)

Den Dampfbackofen auf 100 °C Heißluft und 100 % Feuchte vorheizen.

Die Kartoffeln mit Schale waschen, in den gelochten Garbehälter geben und im Dampfbackofen ca. 55–60 Minuten dämpfen.

Kräuter-Radieschen-Quark

1 Knoblauchzehe
1 Bund Frühlingszwiebeln
½ Bund Schnittlauch
½ Bund Petersilie
½ Bund Radieschen
500 g Speisequark (20 % Fett)
200 g Schmand
1–2 EL Sahne
1 EL Zitronensaft
Salz, Pfeffer
1 Kästchen Kresse

Knoblauch schälen und fein hacken. Frühlingszwiebeln waschen und in Ringe schneiden. Schnittlauch sowie Petersilie waschen und trocken schütteln. Den Schnittlauch in Röllchen schneiden und die Petersilie hacken. Radieschen putzen, waschen und in Stifte schneiden.

Den Quark mit dem Schmand, der Sahne und den vorbereiteten Zutaten mischen. Mit Zitronensaft, Salz sowie Pfeffer abschmecken. Die Kresse kurz abspülen, trocken schütteln und abschneiden.

Den Quark mit Kresse garnieren und zu den Kartoffeln servieren.

Tomaten-Basilikum-Hummus

2 Knoblauchzehen
2 Dosen gegarte Kichererbsen (á 400 g)
6 Stängel Basilikum
8 in Öl eingelegte getrocknete Tomaten
4 EL Öl von den eingelegten Tomaten
4 EL Wasser
2 EL Tahini (Sesammus)
3 EL Tomatenmark
Saft von 1 Zitrone
1 TL edelsüßes Paprikapulver
½ TL gemahlener Kreuzkümmel
1 EL Ahornsirup
Salz, Pfeffer

Den Knoblauch schälen und die Kichererbsen abtropfen lassen. Basilikum waschen, trocken schütteln, die Blätter abzupfen und die Hälfte der Blätter zum Anrichten beiseitestellen. Die getrockneten Tomaten grob schneiden. Die vorbereiteten Zutaten, außer den getrockneten Tomaten, mit den übrigen Zutaten in ein hohes Gefäß geben und mit einem Stabmixer fein pürieren. Falls die Konsistenz sehr fest ist, noch etwas Wasser einrühren. Den Hummus mit dem restlichen Basilikum sowie den getrockneten Tomaten garnieren und zu den Kartoffeln servieren.

Feta-Paprika-Frischkäse

1 rote Paprikaschote
3 EL Sonnenblumenkerne
200 g Feta
1 Bund glatte Petersilie
1 rote Zwiebel
20 g Alfalfa-Sprossen
400 g Naturfrischkäse
2 EL Honig
2 EL Zitronensaft
Salz, Pfeffer

Die Paprikaschote waschen, halbieren, Kerne sowie weiße Innenhäute entfernen und das Fruchtfleisch in kleine Würfel schneiden. Die Sonnenblumenkerne ohne Zugabe von Fett in einer Pfanne rösten. Den Feta fein würfeln. Die Petersilie waschen, trocken schütteln, die Blätter abzupfen und hacken. Die Zwiebel schälen und fein würfeln. Die Sprossen abspülen und gut abtropfen lassen. Den Frischkäse mit Zwiebeln, Petersilie, Honig, Zitronensaft, Salz sowie Pfeffer verrühren. Die Paprikawürfel untermischen.

Den Frischkäse mit Feta, Sprossen und Sonnenblumenkernen garnieren und zu den Kartoffeln servieren.

VEGETARISCH 131

Honig-Balsamico-Rosenkohl sous-vide

Für 4 Personen
800 g Rosenkohl
2 Knoblauchzehen
60 ml dunkler Balsamico
2 EL Honig
Salz, Pfeffer
2 EL Rapsöl

Den Dampfbackofen auf 100 °C Heißluft und 100 % Feuchte vorheizen.

Vom Rosenkohl den Strunk und die oberen Blätter entfernen und die Röschen halbieren. Knoblauch schälen und fein würfeln. Balsamico mit Honig, Knoblauch und Salz sowie Pfeffer mischen und den Rosenkohl darin marinieren.

Den Rosenkohl mit der Marinade in einen Vakuumierbeutel geben, vakuumieren und im Dampfbackofen ca. 20 Minuten dämpfen.

Anschließend den Rosenkohl aus dem Ofen nehmen und den Beutel aufschneiden. Den Rosenkohl mit der Marinade in ein Sieb geben, abtropfen lassen und servieren.

> Tipp: Die Marinade auffangen. Die Röschen in einer Pfanne in heißem Rapsöl bei hoher Temperatur kurz anbraten und den Rosenkohl während des Bratvorgangs mit der Marinade glasieren.

Gedämpfte Maiskolben mit Kräuterbutter

Für 4 Personen
Kräuterbutter
125 g weiche Butter
1 Handvoll Basilikumblätter
1 Handvoll Petersilienblätter
1 EL frische Thymianblätter
1 EL frische Rosmarinnadeln
1 TL flüssiger Honig
Salz, Pfeffer

Maiskolben
4 rohe Maiskolben

Den Dampfbackofen auf 100 °C Heißluft und 100 % Feuchte vorheizen.

Für die Kräuterbutter die Butter in eine Schüssel geben. Die Kräuter waschen, trocken schleudern und mit einem großen Messer fein hacken. Gehackte Kräuter, Honig, 1 große Prise Salz und Pfeffer zur Butter geben und gut mischen.

Die Kräuterbutter mithilfe von Frischhaltefolie zu einer Rolle formen, darin einwickeln und bis zum Gebrauch im Kühlschrank aufbewahren.

Die Maiskolben ggf. vom Stroh befreien und waschen. In den gelochten Garbehälter legen und im Dampfbackofen ca. 45–50 Minuten dämpfen. Herausholen und mit der Kräuterbutter servieren.

Bohnen-Cassoulet

Für 4 Personen
Standzeit: ca. 8 Stunden

250 g getrocknete weiße Bohnen
1 l Wasser
Salz
1 Zwiebel
2 Knoblauchzehen
1 Karotte
1 Stange Lauch
2 EL Olivenöl
3 EL Tomatenmark
50 ml Weißwein
150 ml Gemüsebrühe
1 TL edelsüßes Paprikapulver
1 Lorbeerblatt
1 Zweig Thymian
Pfeffer

Die Bohnen in ausreichend Wasser ca. 8 Stunden oder über Nacht einweichen.

Den Dampfbackofen auf 100 °C Heißluft und 100 % Feuchte vorheizen.

Die Bohnen abschütten, abtropfen lassen und in den ungelochten Garbehälter geben. Im Dampfbackofen mit dem Wasser und Salz ca. 50 Minuten dämpfen, anschließend abgießen.

Den Dampfbackofen nicht ausschalten, um damit bei gleicher Einstellung das Cassoulet zuzubereiten.

Zwiebel sowie Knoblauch schälen und in kleine Würfel schneiden. Die Karotte schälen und ebenfalls in Würfel schneiden. Lauch waschen und in feine Ringe schneiden. Zwiebel und Knoblauch in einer Pfanne im heißen Olivenöl anschwitzen, Tomatenmark zugeben und kurz mitanschwitzen. Mit Weißwein ablöschen und die Brühe angießen.

Den Sud zu den bereits gegarten Bohnen in den ungelochten Garbehälter gießen. Karotte, Lauch, Paprikapulver, Lorbeerblatt und Thymianzweig ebenfalls zugeben. Das Cassoulet im Dampfbackofen ca. 20–25 Minuten garen, anschließend den Thymian und das Lorbeerblatt entfernen und mit Salz und Pfeffer abschmecken.

Brokkoli mit Mandel-Knoblauch-Butter

Für 4 Personen
1 kg Brokkoli
30 g Mandelblättchen
2 Knoblauchzehen
½ Chilischote
50 g Butter
Salz

Den Dampfbackofen auf 100 °C Heißluft und 100 % Feuchte vorheizen.

Den Brokkoli in Röschen teilen, waschen, in den gelochten Garbehälter geben und im Dampfbackofen ca. 15 Minuten dämpfen.

Die Mandeln ohne Zugabe von Fett in einer Pfanne rösten.

Den Knoblauch schälen und in kleine Würfel schneiden. Die Chilischote waschen, halbieren, entkernen und ebenfalls klein schneiden. Die Butter in einer Pfanne erhitzen und Knoblauch sowie Chili zugeben. Alles kurz anschwitzen und zum Schluss die Mandeln unterheben.

Die Mandel-Knoblauch-Butter über den fertig gegarten Brokkoli geben, mit Salz würzen und servieren.

VEGETARISCH 135

Gefüllte Zucchini mit Ratatouille und Mozzarella

Für 4 Personen
- 2 Tomaten
- ½ Aubergine
- 3 Zucchini
- je ½ rote und gelbe Paprikaschote
- 1 Zwiebel
- 2 Knoblauchzehen
- 2 Zweige Rosmarin
- 3 Zweige Thymian
- 4 EL Olivenöl
- 1 Lorbeerblatt
- 100 ml Gemüsebrühe
- 1 EL Tomatenmark
- Salz, Pfeffer
- 125 g Mozzarella

Den Dampfbackofen auf 100 °C Heißluft und 100 % Feuchte vorheizen.

Die Tomaten kreuzförmig einschneiden, in den gelochten Garbehälter geben und im Dampfbackofen ca. 3–4 Minuten dämpfen. Anschließend in Eiswasser abschrecken, häuten, Stielansatz entfernen und das Fruchtfleisch in Stücke schneiden.

Die Aubergine und 1 Zucchini putzen, waschen und in kleine Würfel schneiden. Paprikaschote waschen, Kerne und weiße Innenhäute entfernen und das Fruchtfleisch ebenfalls würfeln. Zwiebel und Knoblauchzehen schälen und hacken. Rosmarin und Thymian waschen, trocken schütteln, Nadeln bzw. Blättchen abzupfen und fein hacken.

Den Dampfbackofen auf 160 °C Heißluft erhöhen und die Feuchte auf 60 % reduzieren.

Die Gemüsewürfel in einem Topf in heißem Olivenöl unter Rühren anschwitzen. Zwiebel und Knoblauch zugeben und kurz mitanschwitzen. Die Kräuter und das Lorbeerblatt zufügen.

Gemüsebrühe und Tomatenmark einrühren und aufkochen. Das Ratatouille ca. 5 Minuten köcheln lassen. Nach Ende der Garzeit das Lorbeerblatt entfernen und mit Salz sowie Pfeffer abschmecken.

Die restlichen Zucchini waschen, erst längs, anschließend quer halbieren und mit einem Löffel aushöhlen. Den Mozzarella in Würfel schneiden. Die Zucchini leicht salzen, das Ratatouille in die Zucchini geben und den Mozzarella darauf verteilen.

Die Zucchini in den gelochten Garbehälter setzen und im Dampfbackofen ca. 15 Minuten dämpfen. Auf Flächengrill mit Umluft umstellen, die Temperatur auf 200 °C erhöhen und die Zucchini ca. 2–5 Minuten, je nach gewünschter Bräune, grillen.

Gefüllte Tomaten mit Bulgur

Für 12 Stück
Tomaten
- 12 mittelgroße Tomaten
- Salz, Pfeffer

Füllung
- ½ Stange Staudensellerie
- 2 Frühlingszwiebeln
- 1 Knoblauchzehe
- 6 EL Olivenöl
- 100 g Bulgur
- ca. 250 ml Gemüsebrühe
- 100 g Champignons
- 1 kleine Zucchini
- Salz, Pfeffer
- Chilipulver
- ½ Bund Petersilie
- 100 g Feta
- 2 EL gehackte Kräuter (z. B. Thymian, Koriander, Basilikum)

Den Dampfbackofen auf 160 °C Heißluft und 30 % Feuchte vorheizen.

Die Tomaten waschen, einen Deckel abschneiden und das Innere mit einem Löffel herausholen. Die Tomaten umdrehen, abtropfen lassen und in eine Auflaufform stellen. Salzen und pfeffern.

Für die Füllung den Staudensellerie putzen, waschen und in feine Würfel schneiden. Die Frühlingszwiebeln putzen, waschen und klein schneiden. Den Knoblauch schälen und fein hacken. Frühlingszwiebeln und Knoblauch in einem Topf in 2 EL heißem Olivenöl glasig dünsten. Bulgur und Staudensellerie zugeben und mit Gemüsebrühe nach und nach auffüllen, bis der Bulgur bissfest gegart ist.

Die Champignons trocken säubern, z. B. mit einem Küchenpinsel. Sind sie sehr verschmutzt, ganz kurz in Wasser schwenken, trocken tupfen und klein schneiden. Die Zucchini putzen, waschen, in kleine Stücke schneiden und zusammen mit den Champignons in 4 EL heißem Olivenöl anschwitzen. Mit Salz, Pfeffer und 1 Prise Chili würzen. Die Petersilie waschen, trocken schütteln, die Blätter abzupfen und mit den angeschwitzten Champignons und Zucchini unter den Bulgur mischen. Den Feta zerbröseln und zufügen, alles mit Salz und Pfeffer abschmecken.

Die Füllung in die Tomaten geben und im Dampfbackofen ca. 10–15 Minuten dämpfen. Auf Flächengrill mit Umluft umstellen, die Temperatur auf 200 °C erhöhen und die Tomaten ca. 2–5 Minuten, je nach gewünschter Bräune, grillen. Die Tomaten aus dem Ofen holen und mit den gehackten Kräutern garniert servieren.

Asiatisches Gemüse

Für 2 Personen
150 g Zucchini
150 g grüne Paprikaschote
150 g Karotten
150 g Zwiebeln
150 g Bimi (Spargelbrokkoli)
100 g Champignons
3 EL Sesamöl
4 El Sojasauce
2 EL Reiswein
1 EL Reisessig
2 EL Sesamsamen
1 TL Honig
Salz, Pfeffer

Den Dampfbackofen auf 100 °C Heißluft und 100 % Feuchte vorheizen.

Zucchini und Paprikaschote putzen und waschen. Von der Paprika Kerne und weiße Innenhäute entfernen. Die Karotten und Zwiebeln schälen. Karotten und Zucchini in feine Stifte, die Zwiebeln in dünne Scheiben und die Paprika in feine Streifen schneiden.

Bimi waschen, das trockene Ende abschneiden und in grobe Stücke schneiden. Die Champignons trocken säubern, z. B. mit einem Küchenpinsel. Sind sie sehr verschmutzt, ganz kurz in Wasser schwenken und feinblättrig aufschneiden.

Das Gemüse mit Sesamöl, Sojasauce, Reiswein, Reisessig, Sesam, Honig, Salz und Pfeffer vermischen und in den ungelochten Garbehälter geben.

Das Gemüse im Dampfbackofen ca. 13–15 Minuten garen.

Toskanische Gemüsepfanne

Für 4 Personen
1 Brokkoli
3 mittelgroße Karotten
2 Zucchini
2 Stangen Staudensellerie
2 rote Zwiebeln
2 Knoblauchzehen
200 g Cherrytomaten
100 g schwarze Oliven ohne Stein
2 Zweige Thymian
2 Stängel Oregano
4 Stängel Basilikum
2 EL Pinienkerne
3 EL Olivenöl
Salz, Pfeffer

Den Dampfbackofen auf 100 °C Heißluft und 100 % Feuchte vorheizen.

Den Brokkoli waschen und in Röschen teilen. Die Karotten putzen, schälen und in Scheiben schneiden. Die Zucchini putzen, waschen und ebenfalls in Scheiben schneiden. Den Staudensellerie waschen, schälen und in feine Scheiben schneiden. Die vorbereiteten Zutaten in den gelochten Garbehälter geben und ca. 15 Minuten dämpfen.

In der Zwischenzeit die Zwiebeln schälen und in Ringe schneiden. Den Knoblauch schälen und fein würfeln. Die Cherrytomaten waschen und halbieren. Die Oliven in Ringe schneiden. Die Kräuter waschen, trocken schütteln, Blätter abzupfen und fein hacken. Die Pinienkerne ohne Zugabe von Fett in einer Pfanne rösten und beiseitestellen.

In einer großen Pfanne das Öl erhitzen. Zwiebeln und Knoblauch darin anschwitzen. Das Gemüse aus dem Dampfgarer zugeben und ca. 3–4 Minuten anbraten. Oliven, Cherrytomaten und Kräuter zugeben. Mit Salz und Pfeffer abschmecken und mit den gerösteten Pinienkernen servieren.

VEGETARISCH 139

Fenchel-Paprika-Gemüse mit Safransud

Für 4 Personen

2 mittelgroße Zwiebeln
600 g Fenchel
je 2 gelbe und rote Paprikaschoten
2 Knoblauchzehen
½ TL Korianderkörner
½ TL Fenchelsamen
6 EL Olivenöl
2 EL kalte Butter
½ TL Kurkumapulver
1 Prise Currypulver
12 Safranfäden
1 Lorbeerblatt
100 ml Pernod
200 ml Gemüsebrühe
Salz, Pfeffer

Den Dampfbackofen auf 140 °C Heißluft und 80 % Feuchte vorheizen.

Die Zwiebeln schälen. Fenchel und Paprikaschoten waschen und trocken tupfen. Vom Fenchel den Strunk und von den Paprika die Kerne sowie die weißen Innenhäute entfernen. Das Grün vom Fenchel abzupfen und fein hacken. Fenchel, Zwiebel und Paprika in feine Streifen schneiden. Den Knoblauch schälen und fein hacken.

Korianderkörner und Fenchelsamen unter Rühren in einer Pfanne ohne Zugabe von Fett rösten, bis die Mischung duftet. Herausnehmen, abkühlen lassen und in einem Mörser zerstoßen. Das geschnittene Gemüse zusammen mit den Gewürzen und restlichen Zutaten, bis auf das gehackte Fenchelgrün, in einer Schüssel vermischen. Mit Salz und Pfeffer würzen.

Das Gemüse in den ungelochten Garbehälter geben und ca. 20 Minuten garen. Nach 10 Minuten den Behälter aus dem Ofen holen und das Gemüse gut durchrühren. Nach Ende der Garzeit das Lorbeerblatt entfernen, das gehackte Fenchelgrün untermischen und nochmals mit Salz sowie Pfeffer abschmecken.

4

Fisch & Wein

Es gibt zwei Regeln, wenn es um Fisch geht: Er muss schwimmen. Und, ganz im Sinne von Miss Sophies 90. Geburtstag: „White wine with the fish, James!" Bei ersterem stimmen wir natürlich sofort zu. Regel Nummer zwei ist aber inzwischen längst überholt. Neben dem Eigengeschmack unterscheidet man, ob der Fisch aus dem Meer kommt oder ein Süßwasserfisch ist, ob er geräuchert, gedünstet oder gebraten, und im äußersten Fall als Sashimi sogar roh gegessen wird. Die wichtigste Regel lautet: keine tanninhaltigen Weine zum Fisch. Dessen hoher Eiweißanteil und die Gerbstoffe des Weins vertragen sich nicht besonders gut miteinander.

So ganz einfach ist die Kombination von Fisch und Wein auch sonst nicht. Räucherlachs wie in den Seezungenröllchen (s. S. 146) beispielsweise stellt mit seiner Mischung aus Eigengeschmack, Räucheraromen und dem verhältnismäßig hohen Fettanteil jeden Wein vor eine Herausforderung. Dieser sollte nicht zu zurückhaltend sein und ruhig etwas Säure mitbringen. Ein Champagner ist definitiv eine gute Wahl oder ein kräftiger Chardonnay mit wirklich nur dezenter Holznote. Alternativ ginge auch ein Muscadet-Sèvre-et-Maine von der Loire oder ein Gewürztraminer aus dem Elsass.

Die Paella (s. S. 158) wirkt auf den ersten Blick recht unkompliziert. Erst mit dem Safran wird die Weinauswahl anspruchsvoll. Der ganz eigene, herbe und auch etwas süße Geschmack des gelben Edelgewürzes ist nicht gerade „everybody's darling", wenn es um die passende Weinwahl geht. Dass Fisch sowieso keine Tannine mag, kommt aber auch dem Safran zugute. Riesling hingegen, vor allem mit etwas Restsüße, ist eine ziemlich harmonische Kombination. Auch aromatische Sorten wie Grau- und Weißburgunder harmonieren gut mit Safran, und wer gern einen Rotwein zur Paella trinken möchte, sollte es mit einem runden und fruchtbetonten Roten ohne allzu viel Gerbstoffe probieren, etwa mit einem Barbera oder einem Syrah.

Eine interessante Kombination ist auch die Vanillebutter zum Lachs (s. S. 149). Die natürliche Süße der Vanille, das Fett im Lachs, gewürzt mit Salz, ergeben schon eine Fülle an Geschmack und Aromen. Der Wein dazu sollte ein verbindendes Element mitbringen. Also zum Beispiel eine deutliche Säure haben, die das Fett im Lachs aufbricht, mit der dezenten Süße der Vanille Spannung aufbaut und mit dem salzigen Kick harmoniert. Ein Schilcher, der leichte Rotwein aus der Steiermark, oder ein Vinho Verde aus Portugal hierzu wären durchaus einen Versuch wert!

Fisch

Seezungen- röllchen mit Räucherlachs- füllung

Gefüllter Kräutersaibling

Seezungenröllchen mit Räucherlachsfüllung

Für 4 Personen

12 Stangen grüner Spargel
Salz, Pfeffer
1 Prise Zucker
2 Stängel Dill
8 Seezungenfilets ohne Haut (à ca. 80–100 g)
Saft von einer ½ Zitrone
2 EL Sahnemeerrettich
200 g Scheiben Räucherlachs
Pflanzenöl zum Einfetten
40 g Butter
Fleur de Sel

Den Dampfbackofen auf 100 °C Heißluft und 100 % Feuchte vorheizen.

Den Spargel waschen, im unteren Drittel schälen und die holzigen Enden abschneiden. In den ungelochten Garbehälter legen, mit Salz, Pfeffer und Zucker würzen und im Dampfbackofen 8–10 Minuten garen. Spargel herausnehmen und in Eiswasser abschrecken.

Den Dill waschen, trocken schütteln, die Spitzen abzupfen und fein hacken. Die Seezungenfilets waschen und trocken tupfen. Die Filets in einen Vakuumierbeutel legen und mit einem Fleischplattierer flach klopfen. Je 2 Filets auf beiden Seiten leicht salzen, mit der ursprünglichen Hautseite nach innen nebeneinander überlappend auf Frischhaltefolie legen und mit Zitronensaft beträufeln. Mit Sahnemeerrettich dünn bestreichen, mit dem Dill bestreuen und den Räucherlachs darauf verteilen. Mit je 3 Stangen Spargel belegen, aufrollen und die Enden rechts und links eindrehen. Die Seelachsrollen in je ein Stück Alufolie einwickeln und die Enden rechts und links gut fixieren.

Den Dampfbackofen auf 75 °C Heißluft und 100 % Feuchte reduzieren.

Die Rollen hineingeben und im Dampfbackofen 10 Minuten garen. Herausholen, die Folien entfernen und jede Rolle in ca. 2–3 cm dicke Scheiben schneiden.

Die Butter in einem kleinen Topf schmelzen. Seezungenröllchen auf Tellern anrichten und mit zerlassener Butter sowie Fleur de Sel servieren.

Gefüllter Kräutersaibling

Für 2 Personen
1 küchenfertiger Saibling (800 g – 1 kg)
1 unbehandelte Zitrone
2 Stängel Petersilie
2 Stängel Dill
1 Stängel Estragon
Salz

Den Dampfbackofen auf 60 °C Heißluft und 100 % Feuchte vorheizen.

Den Saibling unter fließendem Wasser außen sowie innen gründlich reinigen und trocken tupfen. Die Zitrone waschen und in Scheiben schneiden. Die Kräuter waschen und trocken schütteln.

Den Saibling innen gut salzen, Zitronenscheiben und Kräuter hineingeben.

Den Fisch in den ungelochten Garbehälter legen und im Dampfbackofen ca. 20 Minuten garen. Aus dem Ofen nehmen und servieren.

Lachs in Vanillebutter sous-vide

Für 4 Personen
4 Lachsfilets (à 120 g)
Salz
½ Limette
1 Vanilleschote
80 g weiche Butter

Den Dampfbackofen auf 55 °C Heißluft und 100 % Feuchte vorheizen.

Die Lachsfilets waschen, trocken tupfen und leicht salzen. Die Limette heiß abwaschen, trocken reiben und in Scheiben schneiden. Die Vanilleschote der Länge nach aufschneiden und das Mark herauskratzen. Die ausgekratze Vanilleschote vierteln. Das Vanillemark mit der Butter und etwas Salz schaumig schlagen. Die Masse auf ein großes Stück Frischhaltefolie geben, zu einer Rolle formen und die beiden Enden fest zudrehen. Dann zusätzlich in Alufolie einrollen und im Kühlschrank fest werden lassen. Anschließend aus der Folie nehmen und in Scheiben schneiden.

Die Butter und die Limette auf die Filets verteilen und diese in 4 Vakuumierbeutel geben. Auf jedes Lachsfilet ein Viertel Vanilleschote legen und vakuumieren.

Den Lachs im Dampfbackofen 20 Minuten garen. Den Lachs aus dem Beutel nehmen und servieren.

Lachs mit Mangold im Blätterteig

Für 4 Personen

Lachs
250 g Mangold
½ Zwiebel
1 Knoblauchzehe
1 EL Butter
Salz, Pfeffer
1 Prise Muskatnuss
2 Lachsfilets (à 80 g)
1 Packung Blätterteig (270 g) aus dem Kühlregal
Weizenmehl zum Bestäuben
1 Ei
2 EL Milch

Honig-Senf-Sauce
2 Schalotten
1 TL Butter
50 ml Weißwein
200 ml Fischfond
1 kleines Lorbeerblatt
3 weiße Pfefferkörner
150 ml Sahne
3 Stängel Dill
2 EL Honig
1 EL Dijon-Senf
Salz, Pfeffer
Speisestärke nach Bedarf

Den Dampfbackofen auf 200 °C Heißluft und 30 % Feuchte vorheizen.

Den Mangold putzen, waschen, trocken tupfen und fein schneiden. Zwiebel und Knoblauch schälen und würfeln. In einem Topf Butter erhitzen. Zwiebel und Knoblauch darin anschwitzen, Mangold zugeben und kurz mitgaren. Mit Salz, Pfeffer sowie frisch gemahlener Muskatnuss würzen und über einem Sieb gut abtropfen lassen.

Die Lachsfilets waschen und trocken tupfen. Anschließend salzen sowie pfeffern. Blätterteig ausrollen und in 4 gleich große Stücke teilen. Mit etwas Mehl bestäuben, darauf auf einer Seite den Mangold verteilen und den Lachs obenauf setzen. Das Ei mit Milch verquirlen. Die Ränder des Blätterteigs damit einpinseln, zu Päckchen falten und die Ränder gut andrücken. Mit einem Messer den Teig leicht einschneiden und mit der Eier-Milch-Mischung bestreichen. Die Päckchen in den mit Backpapier ausgelegten Garbehälter setzen und im Dampfbackofen ca. 20 Minuten backen.

Für die Sauce die Schalotten schälen, fein würfeln und in einem Topf in zerlassener Butter glasig anschwitzen. Mit Weißwein ablöschen, etwas reduzieren und mit Fischfond aufgießen. Lorbeerblatt und Pfefferkörner zugeben. Die Flüssigkeit bei mittlerer Temperatur um die Hälfte reduzieren, dann durch ein Sieb gießen, zurück in den Topf geben und mit Sahne auffüllen. Den Dill waschen, trocken schütteln, Spitzen abzupfen, fein hacken und zufügen. Mit Honig, Senf, Salz und Pfeffer abschmecken. Bei Bedarf mit in kaltem Wasser angerührter Speisestärke zur gewünschten Konsistenz binden.

Die Lachspäckchen zusammen mit der Sauce auf Tellern anrichten und servieren.

FISCH 151

152 FISCH

Kabeljaufilets in asiatischem Kokossud

Für 4 Personen

4 Kabeljaufilets aus dem Loin (à 160 g)
grobes Meersalz
2 Frühlingszwiebeln
2 Stängel Petersilie
1 Stängel Curryblätter (Asiageschäft)
3 Stängel Koriander
1 Stängel Zitronengras
1 Knoblauchzehe
1 kleines Stück Ingwer
1 Chilischote
2 Msp. Kurkumapulver
1 Dose Kokosmilch (400 ml)
1 EL helle Sojasauce
½ TL Salz

Den Dampfbackofen auf 60 °C Heißluft und 100 % Feuchte vorheizen.

Die Kabeljaufilets waschen, trocken tupfen und salzen. Frühlingszwiebeln waschen, putzen und in feine Ringe schneiden. Die Kräuter waschen, trocken schütteln, die Blättchen abzupfen und grob hacken. Das Zitronengras waschen, das dickere Ende mit dem Messerrücken flach klopfen und die Stange in ca. 4 cm große Stücke schneiden.

Knoblauch und Ingwer schälen und in feine Würfel schneiden. Die Chilischote waschen, die Kerne entfernen und die Schote in feine Ringe schneiden. Alle Kräuter und Gewürze (vom Frühlingslauch, Koriander, Petersilie und Chili ⅓ aufheben) mit Kokosmilch, Sojasauce sowie Salz in einen Topf geben und einmal aufkochen lassen. Anschließend ca. 30 Minuten ziehen und auskühlen lassen. Dann durch ein Sieb passieren.

Die Kabeljaufilets in den ungelochten Garbehälter oder in eine Auflaufform setzen, mit dem Kokossud übergießen, die restlichen Frühlingszwiebeln, Kräuter sowie Chili dazugeben und im Dampfbackofen 15 Minuten garen. Aus dem Ofen nehmen und servieren.

Seeteufel-Medaillons sous-vide mit Salsa verde

Für 4 Personen

Seeteufel
800 g küchenfertige Seeteufelfilets
1 Zweig Rosmarin
2 Zweige Thymian
4 EL Olivenöl
Abrieb von ½ unbehandelten Zitrone
Saft von 1 Zitrone
Salz, Pfeffer

Salsa verde
6 Sardellenfilets in Öl
6 Cornichons
1 Knoblauchzehe
1 EL Kapern
1 EL Dijon-Senf
1–2 EL Rotweinessig
1 Bund Petersilie
1 Bund Basilikum
2 Stängel Minze
4–5 EL Olivenöl
Salz, Pfeffer

Den Dampfbackofen auf 80 °C Heißluft und 60 % Feuchte vorheizen.

Die Seeteufelfilets waschen, trocken tupfen, in Medaillons schneiden und in einen Vakuumierbeutel legen. Die Kräuter waschen, trocken schütteln, die Nadeln bzw. Blättchen abzupfen und hacken. Zusammen mit den restlichen Zutaten zu einer Marinade verrühren, zu den Medaillons geben und vakuumieren. Die Seeteufelmedaillons im Dampfbackofen 10 Minuten garen.

Für die Salsa verde die Sardellen abtropfen lassen. Mit den Cornichons in kleine Würfel schneiden und in eine Schüssel geben. Den Knoblauch schälen und hacken. Zusammen mit den Kapern dazugeben und mit Senf sowie Rotweinessig verrühren.

Die Kräuter waschen und trocken schütteln. Die Petersilie mit den Stängeln hacken, Basilikum- und Minzeblätter von den Stängeln zupfen und ebenfalls fein hacken. Die Kräuter zur übrigen Mischung geben und unterheben. Zum Schluss das Olivenöl einrühren und die Sauce mit Salz sowie Pfeffer würzen.

Die fertig gegarten Seeteufelmedaillons aus dem Vakuumbeutel nehmen, abtupfen und mit Salsa verde servieren.

Tipp: Die übrig gebliebene Salsa verde in ein Glas mit Schraubverschluss füllen und im Kühlschrank aufbewahren. Sie ist ca. 1 Woche haltbar.

Garnelen mit Chili, Knoblauch und Pak Choi

Für 4 Personen

1 kg Garnelen (Größe 8/12) in der Schale
Salz
4 Stängel Koriander
2 Frühlingszwiebeln
2 Knoblauchzehen
25 g Ingwer
1 Chilischote
2 Pak Choi
1 Msp. Kurkumapulver
2 EL geröstetes Sesamöl
2 EL Rapsöl
2 EL Ketjap Manis

Den Dampfbackofen auf 80 °C Heißluft und 100 % Feuchte vorheizen.

Die Garnelen schälen, den Rücken aufschneiden und den Darm entfernen. Garnelen gründlich unter kaltem Wasser abspülen, mit Küchenpapier trocken tupfen und salzen.

Den Koriander waschen, trocken schütteln, die Blättchen abzupfen und grob hacken.

Frühlingszwiebeln waschen, putzen und in feine Ringe schneiden. Knoblauch und Ingwer schälen und in feine Würfel schneiden. Die Chilischote waschen, halbieren, Kerne entfernen und die Schote in feine Streifen schneiden. Den Pak Choi putzen, waschen und in Streifen schneiden.

Koriander, Frühlingszwiebeln, Knoblauch, Ingwer und Chili mit beiden Ölen und Ketjap Manis verrühren. Garnelen und Pak Choi getrennt voneinander mit der Kräutermarinade in zwei Schüsseln gut vermischen. Den Pak Choi in einen ungelochten Dampfeinsatz geben und darauf die Garnelen setzen.

Die Garnelen und den Pak Choi im Dampfbackofen ca. 10 Minuten garen. Aus dem Ofen nehmen und servieren.

Oktopus sous-vide

Für 4 Personen
1 küchenfertiger Oktopus
4–5 Knoblauchzehen
1 Lorbeerblatt
3 dünne Scheiben geschälter Ingwer
4 EL Olivenöl
Saft von 1 Zitrone
Salz, Pfeffer

Den Dampfbackofen auf 100 °C Heißluft und 100 % Feuchte vorheizen.

Den Oktopus gründlich waschen, die Arme abschneiden und in einen Vakuumierbeutel geben.

Die Knoblauchzehen schälen und mit Lorbeerblatt, Ingwerscheiben, Olivenöl und Zitronensaft zu den Oktopusarmen geben. Mit Salz und Pfeffer würzen und vakuumieren.

Den Oktopus im Dampfbackofen ca. 60 Minuten garen. Anschließend aus dem Beutel nehmen und die Marinade abtropfen lassen. Mit Salz und Pfeffer würzen und in einer heißen Pfanne kurz rundum anbraten.

Paella mit Meeresfrüchten

Für 4 Personen

2 Tomaten
600 g gefrorene Frutti di mare
je 1 rote und gelbe Paprikaschote
150 g Keniabohnen
2 Zwiebeln
2 Knoblauchzehen
300 ml Fischfond
400 ml Gemüsebrühe
1 Döschen Safranfäden
300 g Paellareis
100 g gefrorene Erbsen
300 g Miesmuscheln
Salz, Pfeffer
rosenscharfes Paprikapulver

Den Dampfbackofen auf 100 °C Heißluft und 100 % Feuchte vorheizen.

Die Tomaten waschen. In den ungelochten Garbehälter geben und im Dampfbackofen ca. 3–4 Minuten dämpfen. In Eiswasser abschrecken, schälen, Stielansatz und Kerne entfernen und das Fruchtfleisch in Würfel schneiden.

Den Dampfbackofen auf 45 °C Heißluft in der Betriebsart „Auftauen" stellen.

Frutti di mare in separate gelochte Garbehälter geben und im Dampfbackofen 10–15 Minuten antauen lassen. Dann herausnehmen.

Die Paprikaschoten waschen, trocken tupfen, halbieren, Kerne und weiße Innenhäute entfernen und das Fruchtfleisch in kleine Würfel schneiden. Die Keniabohnen putzen, waschen und halbieren. Zwiebeln und Knoblauch schälen und in kleine Würfel schneiden.

Den Dampfbackofen erneut auf 100 °C Heißluft und 100 % Feuchte stellen.

Den Fischfond mit Gemüsebrühe und Safran in einem Topf aufkochen. Den Paellareis mit Zwiebeln, Knoblauch, Tomaten- und Paprikawürfeln, Keniabohnen sowie Erbsen in einen ungelochten Garbehälter geben und gut mischen. Den Safranfond dazugießen und die Mischung im Dampfbackofen ca. 15 Minuten garen.

In der Zwischenzeit die Miesmuscheln gründlich waschen, bürsten und den Bart entfernen. Geöffnete Muscheln aussortieren. Dann Muscheln und Frutti di mare zur Reismischung geben und alles weitere 5 Minuten garen. Nun noch geschlossene Muscheln entfernen. Die Paella vor dem Servieren mit Salz, Pfeffer und Paprikapulver abschmecken.

FISCH 159

5

Beilagen

Spargelauflauf mit Schinken, Ei und Bröseln

Gefüllte Muschelnudeln mit Ricotta und Parmesan auf Tomatenkompott

Spargelauflauf mit Schinken, Ei und Bröseln

Für 4 Personen

Spargelauflauf
500 g weißer Spargel
500 g grüner Spargel
Salz, Pfeffer
1 Prise Zucker
100 g gekochter Schinken
½ Bund Schnittlauch

150 ml Milch
150 ml Sahne
2 Eier
3 Eigelb
60 g frisch geriebener Parmesan
Muskatnuss
Butter zum Einfetten

Brösel
50 g Butter
50 g Panko

Den Dampfbackofen auf 100 °C Heißluft und 100 % Feuchte vorheizen.

Den weißen Spargel schälen, vom grünen Spargel nur die untere Hälfte der Stangen schälen. Von beiden Spargelsorten die holzigen Enden abschneiden. Den weißen Spargel in den gelochten Garbehälter legen, mit Salz, Pfeffer und Zucker würzen und im Dampfbackofen 8–10 Minuten garen. Nach ca. 2 Minuten den grünen Spargel zugeben und mitgaren. Anschließend die Stangen in Eiswasser abschrecken und mit Küchenpapier trocken tupfen. Je nach Dicke der Stangen diese nochmals längs halbieren.

Die Temperatur des Dampfbackofens auf 175 °C Heißluft erhöhen und die Feuchte auf 30 % reduzieren.

Den Schinken in Streifen schneiden. Den Schnittlauch waschen, trocken schütteln und in feine Ringe schneiden. Die Milch mit Sahne, Eiern, Eigelben sowie 50 g Parmesan verrühren und mit Salz, Pfeffer sowie frisch geriebener Muskatnuss würzen.

Für die Brösel die Butter in einer Pfanne erhitzen. So viel Panko zugeben, bis die ganze Butter aufgesaugt ist und die Brösel goldbraun sind.

Eine Auflaufform mit Butter einfetten und ⅔ der Brösel auf dem Boden der Form verteilen. Spargelstangen und Schinken hineinschichten. Mit dem Schnittlauch bestreuen und die Eiermasse darüber verteilen. Im Dampfbackofen ca. 40 Minuten garen. 10 Minuten vor Ende der Garzeit die restlichen Brösel und den restlichen Parmesan auf dem Auflauf verteilen, fertig backen und servieren.

Für 4 Personen

Muschelnudeln
20 große Muschelnudeln
1 rote Paprikaschote
6 Stängel Basilikum
2 Stängel Oregano
2 Frühlingszwiebeln
1 Knoblauchzehe
1 EL Olivenöl
250 g Ricotta
100 g Schmand
1 Ei
Abrieb von ¼ unbehandelten Zitrone
100 g frisch geriebener Parmesan

Tomatenkompott
1 kg Tomaten
1 Knoblauchzehe
3 EL Olivenöl
Salz, Pfeffer
1 EL Zucker

Gefüllte Muschelnudeln mit Ricotta und Parmesan auf Tomatenkompott

Den Dampfbackofen auf 160 °C Heißluft und 30 % Feuchte vorheizen.

Die Muschelnudeln nach Packungsangabe bissfest garen, abgießen und abtropfen lassen.

Für die Füllung die Paprikaschote waschen, Kerne und weiße Innenhäute entfernen und die Schote in kleine Würfel schneiden. Die Kräuter waschen, trocken schütteln, die Blätter abzupfen und klein hacken. Die Frühlingszwiebeln waschen und in dünne Ringe schneiden. Den Knoblauch schälen und fein hacken. Das Olivenöl in einer Pfanne erhitzen und Frühlingszwiebeln sowie Paprika mit dem Knoblauch kurz anschwitzen. In eine Schüssel geben und mit Kräutern, Ricotta, Schmand, Ei, Zitronenabrieb und 60 g Parmesan verrühren.

Für das Tomatenkompott die Tomaten waschen, trocken tupfen, vierteln, Kerngehäuse entfernen und das Fruchtfleisch in Würfel schneiden. Den Knoblauch schälen und fein würfeln. Die Tomatenwürfel mit Knoblauch und Olivenöl in eine Auflaufform geben. Mit Salz, Pfeffer sowie Zucker würzen und gut vermischen.

Die gegarten Muschelnudeln mit der Ricotta-Parmesan-Masse füllen, auf das Tomatenkompott setzen und mit dem restlichen Parmesan bestreuen.

Die Muschelnudeln im Dampfbackofen ca. 15 Minuten in der Auflaufform garen, dann die Temperatur bei gleichbleibender Feuchte auf 200 °C Heißluft erhöhen und die Nudeln weitere 10 Minuten gratinieren.

Gemüse und Gnocchi vom Blech

Für 4 Personen

1 Bund grüner Spargel (ca. 450 g)
150 g gelbe Kirschtomaten
150 g rote Kirschtomaten
1 Knoblauchzehe
1 kg Gnocchi aus dem Kühlregal
1 TL getrockneter Oregano
Salz, Pfeffer
Muskatnuss
3 EL Olivenöl
70 ml Gemüsebrühe
2 Packungen Mozzarella (250 g Abtropfgewicht)
2–3 EL grünes Pesto

Den Dampfbackofen auf 180 °C Heißluft und 30 % Feuchte vorheizen.

Den Spargel waschen, das untere Drittel schälen, die holzigen Enden abschneiden und die Stangen in mundgerechte Stücke schneiden. Gelbe und rote Kirschtomaten waschen und halbieren. Die Knoblauchzehe schälen und fein würfeln.

Grüner Spargel, Tomaten, Knoblauch, Gnocchi, Oregano, Salz, Pfeffer, frisch geriebene Muskatnuss, Öl und Gemüsebrühe in einer großen Schüssel gut miteinander vermischen. In den ungelochten Garbehälter geben und im Dampfbackofen ca. 15 Minuten garen.

Den Mozzarella abgießen, in kleine Stücke zerteilen und über den Auflauf geben. Den Dampfbackofen auf 220 °C Heißluft und 0 % Feuchte erhöhen und den Auflauf weitere ca. 8–12 Minuten backen.

Den Auflauf herausholen, Pesto portionsweise darüber verteilen und sofort servieren.

Kürbis-Kartoffelgratin

Für 6 Personen

500 g Butternutkürbis
1 Zwiebel
800 g festkochende Kartoffeln
Butter zum Einfetten
1 Knoblauchzehe
3 Zweige Thymian
1 Zweig Rosmarin
400 ml Sahne
Salz, Pfeffer
Muskatnuss
100 g Bergkäse

Den Dampfbackofen auf 180 °C Heißluft und 30 % Feuchte vorheizen.

Den Butternutkürbis schälen, halbieren, Kerne entfernen und das Fruchtfleisch in dünne Scheiben schneiden. Die Kartoffeln schälen, waschen, trocken tupfen und ebenfalls in dünne Scheiben schneiden. Eine Auflaufform gut einfetten. Die Kürbis- und Kartoffelscheiben fächerförmig hineinschichten.

Knoblauch schälen und halbieren. Thymian und Rosmarin waschen und trocken schütteln. Die Sahne zusammen mit Knoblauch und Kräuterzweigen in einem Topf aufkochen. Kräftig mit Salz, Pfeffer sowie frisch geriebener Muskatnuss würzen und durch ein Sieb über Kürbis und Kartoffeln gießen.

Das Gratin im Dampfbackofen ca. 1 Stunde backen. Den Bergkäse reiben und nach 50 Minuten Garzeit darübergeben.

Serviettenknödel

Für 4 Personen
250 g Brötchen vom Vortag
200 ml Milch
50 g Zwiebeln
100 g Butter
3 Stängel Petersilie
2 Eier
Salz
Muskatnuss

Die Brötchen in kleine Würfel schneiden und in eine Schüssel geben. Die Milch in einem Topf erwärmen, über die Brötchenwürfel gießen und kurz quellen lassen. Die Zwiebeln schälen und in Würfel schneiden, dann in einer Pfanne in 50 g heißer Butter anschwitzen und ebenfalls zu den Brötchen geben.

Die Petersilie waschen, trocken schütteln, Blätter abzupfen und fein hacken. Die Eier trennen. Petersilie, Eigelbe, 1 kräftige Prise Salz sowie frisch geriebene Muskatnuss zu der Knödelmasse geben und alles gut miteinander vermischen. Die Eiweiße mit einem Handrührgerät leicht anschlagen und unter die Masse heben. Anschließend ca. 1 Stunde abgedeckt ruhen lassen.

Den Dampfbackofen auf 85 °C Heißluft und 100 % Feuchte vorheizen.

Den Teig auf Frischhaltefolie legen, zu einer Rolle formen (ca. ⌀ 6 cm), dann nochmals mit Alufolie straff einwickeln und die beiden Enden eindrehen. Den Knödel im Dampfbackofen ca. 40 Minuten dämpfen. Anschließend herausnehmen und gut auskühlen lassen.

Zum Servieren den Serviettenknödel aus der Folie wickeln und in fingerdicke Scheiben schneiden. In einer Pfanne die restliche Butter erhitzen und die Scheiben von beiden Seiten goldbraun braten. Bei Bedarf mit etwas Salz würzen.

Kartoffel-Pilztaler

Für 4 Personen
600 g mehligkochende Kartoffeln
1 Zwiebel
250 g Champignons
3 EL Olivenöl
Salz, Pfeffer
2 EL gehackte Petersilie
50 g Weizenmehl
30 g Speisestärke
Muskatnuss
2 Eier
2 EL Pflanzenöl
2 EL Butter

Den Dampfbackofen auf 85 °C Heißluft und 100 % Feuchte vorheizen.

Die Kartoffeln schälen, waschen und trocken tupfen. Im Dampfbackofen im gelochten Garbehälter ca. 25–30 Minuten garen. Anschließend herausnehmen und ausdampfen lassen.

Die Zwiebel schälen und in kleine Würfel schneiden. Die Champignons trocken säubern, z. B. mit einem Küchenpinsel. Sind sie sehr verschmutzt, ganz kurz in Wasser schwenken. Pilze klein schneiden und zusammen mit den Zwiebeln in einer Pfanne im heißen Olivenöl anbraten. Mit Salz und Pfeffer würzen, die Petersilie unterheben und beiseitestellen.

Die Kartoffeln durch eine Kartoffelpresse in eine Schüssel drücken oder stampfen. Die Masse mit Mehl und Speisestärke mischen sowie mit Salz, Pfeffer und frisch geriebener Muskatnuss würzen. Die Eier trennen. Die Eigelbe zugeben und alles schnell zu einem Teig verarbeiten. Die ausgekühlten Pilze mit der Kartoffelmasse mischen. Die Eiweiße mit einem Handrührgerät halbsteif aufschlagen und ebenfalls unterheben.

Den Dampfbackofen erneut auf 100 °C Heißluft und 100 % Feuchte vorheizen.

Die Kartoffel-Pilzmasse zunächst mithilfe von Klarsichtfolie zu einer Rolle (ca. ⌀ 6 cm) formen, dann nochmals in Alufolie straff einwickeln und in den gelochten Garbehälter geben. Im Dampfbackofen ca. 25–30 Minuten garen und anschließend im Kühlschrank auskühlen lassen.

Pflanzenöl und Butter in einer Pfanne erhitzen. Die kalte Kartoffel-Pilzmasse in Scheiben schneiden und von beiden Seiten goldbraun anbraten.

Brezenknödel

Für 4 Portionen
4 Brezeln vom Vortag
250 ml Milch
Salz, Pfeffer
Muskatnuss
2 Schalotten
1 EL Butter
1 Bund Petersilie
3 Eier

Den Dampfbackofen auf 100 °C Heißluft und 100 % Feuchte vorheizen.

Die Brezeln in ca. 0,5 cm dicke Würfel schneiden. Die Milch in einem Topf erwärmen, mit Salz, Pfeffer und frisch geriebener Muskatnuss würzen, gleichmäßig über die Brezeln gießen und ca. 10 Minuten quellen lassen.

In der Zwischenzeit die Schalotten schälen und in feine Würfel schneiden. In einer Pfanne in zerlassener Butter bei geringer Temperatur ca. 5 Minuten glasig dünsten. Die Petersilie waschen, trocken schütteln, die Blätter abzupfen und hacken.

Die Eier trennen. Eigelbe, Schalottenwürfel und Petersilie unter die Brezeln mischen. Das Eiweiß mit dem Handrührgerat leicht anschlagen und vorsichtig unter die Knödelmasse heben. Die Masse bei Bedarf nochmals mit Salz, Pfeffer und Muskatnuss abschmecken.

Aus der Masse Knödel von ca. 80 g formen, in den gelochten Garbehälter setzen und im Dampfbackofen ca. 12 Minuten dämpfen.

Spinat-Parmesan-Knödel mit brauner Butter

Für 4 Portionen
250 g Brötchen vom Vortag
200 ml Milch
200 g Blattspinat
1 Zwiebel
1 Knoblauchzehe
5 EL Butter
2 Eier
50 g frisch geriebener Parmesan
Salz, Pfeffer
Muskatnuss

Den Dampfbackofen auf 100 °C Heißluft und 100 % Feuchte vorheizen.

Die Brötchen in kleine Würfel schneiden und in eine Schüssel geben. Die Milch in einem Topf erwärmen, über die Brötchenwürfel gießen und kurz quellen lassen. Den Spinat putzen, gut waschen und trocken schleudern. Zwiebel und Knoblauch schälen und in kleine Würfel schneiden.

½ EL Butter in einem Topf zerlassen und Zwiebel sowie Knoblauch darin anschwitzen. Den Blattspinat zugeben, mitanschwitzen und etwas abkühlen lassen. Eier, Parmesan und Spinat mit den Brötchenwürfeln vermengen. Die Knödelmasse kräftig mit Salz, Pfeffer und frisch geriebener Muskatnuss würzen.

Aus der Masse Knödel von ca. 80 g formen, in den gelochten Garbehälter setzen und im Dampfbackofen ca. 30 Minuten dämpfen.

Die restliche Butter in einem kleinen Topf bräunen. Die Knödel mit gebräunter Butter beträufeln und servieren.

Tipp: Die Knödel mit frisch geriebenem Parmesan bestreut servieren.

Quetschkartoffeln mit Avocado-Aioli

Für 4 Personen

1 kg vorwiegend festkochende Kartoffeln
100 ml Olivenöl
4 EL gehackte Kräuter nach Geschmack
Salz
1 große, reife Avocado
1 EL Limettensaft
50 g Mayonnaise
Pfeffer

Den Dampfbackofen auf 100 °C Heißluft und 100 % Feuchte vorheizen.

Die Kartoffeln waschen, trocken tupfen und im Dampfbackofen ca. 30–35 Minuten garen, herausnehmen und ausdampfen lassen.

Den Dampfbackofen auf 180 °C Heißluft und 0 % Feuchte einstellen.

Das Olivenöl, die Kräuter und etwas Salz in den ungelochten Garbehälter geben. Die Kartoffeln schälen, ebenfalls in den Garbehälter geben und im Olivenöl wenden. Anschließend die Kartoffeln mit einem Kartoffelstampfer andrücken.

Die Quetschkartoffeln im Dampfbackofen ca. 20–25 Minuten backen.

Für die Avocado-Aioli die Avocado schälen, entkernen und das Fruchtfleisch mit einer Gabel zerdrücken. Mit Limettensaft und Mayonnaise mischen sowie mit Salz und Pfeffer abschmecken.

Die Quetschkartoffeln mit der Avocado-Aioli servieren.

Kartoffelpüree

Für 4 Personen

1 kg mehligkochende Kartoffeln
300 ml lauwarme Milch
2 EL Butter
Salz, Pfeffer
Muskatnuss

Den Dampfbackofen auf 100 °C Heißluft und 100 % Feuchte vorheizen.

Die Kartoffeln schälen, waschen und trocken tupfen. Im Dampfbackofen im ungelochten Garbehälter ca. 25–30 Minuten dämpfen.

Die Kartoffeln herausnehmen, durch eine Kartoffelpresse drücken oder mit dem Kartoffelstampfer stampfen und anschließend mit Milch sowie Butter glatt rühren.

Das Püree mit Salz, Pfeffer und frisch geriebener Muskatnuss abschmecken.

Reis-Pilaw

Für 4 Personen
200 g Tomaten
1 mittelgroße Zwiebel
1 großes Bund Minze
40 g Rosinen
50 g Pinienkerne
200 g Langkornreis
1 TL Kurkumapulver
400 ml kalte Gemüsebrühe
150 g griechischer Joghurt
Salz, Pfeffer
1–2 TL Zitronensaft
2 TL Tamarindenpaste
2 EL Olivenöl

Den Dampfbackofen auf 100 °C Heißluft und 100 % Feuchte vorheizen.

Die Tomaten waschen, trocken tupfen, kreuzweise einschneiden und im Dampfbackofen im gelochten Garbehälter ca. 3 Minuten garen. Anschließend häuten, Stielansatz entfernen und das Fruchtfleisch fein würfeln.

Die Zwiebel schälen und in feine Würfel schneiden. Die Minze waschen, trocken schütteln, Blätter abzupfen und fein hacken. Etwas gehackte Minze zum Anrichten beiseitelegen. Die Rosinen ebenfalls fein hacken. Die Pinienkerne in einer beschichteten Pfanne ohne Zugabe von Fett rösten und herausnehmen.

Den Dampfbackofen erneut auf 100 °C Heißluft und 100 % Feuchte vorheizen.

Zwiebelwürfel, Rosinen, Reis und Kurkuma in den ungelochten Garbehälter geben und die Gemüsebrühe zugießen. Gut verrühren und im Dampfbackofen ca. 20 Minuten garen.

Den Joghurt mit dem Zitronensaft verrühren und mit Salz sowie Pfeffer abschmecken.

Den Reis aus dem Ofen nehmen und mit einer Gabel auflockern. Kurz vor dem Servieren Pinienkerne, Tomatenwürfel, gehackte Minze, Tamarindenpaste und Olivenöl unterheben.

Den Reis-Pilaw auf Teller geben, mit einem Klecks Joghurt anrichten und mit den restlichen Minzblättchen bestreuen.

Ebly-Risotto mit buntem Gemüse

Für 4 Personen
1 rote Zwiebel
1 Karotte
1 kleine Zucchini
150 g gefrorene Erbsen
300 g Ebly
100 ml Weißwein
500 ml kalte Gemüsebrühe
3 EL Butter
50 g frisch geriebener Parmesan
Salz, Pfeffer

Den Dampfbackofen auf 100 °C Heißluft und 100 % Feuchte vorheizen.

Zwiebel sowie Karotte schälen und in kleine Würfel schneiden. Die Zucchini waschen, trocken reiben und ebenfalls in kleine Würfel schneiden.

Das vorbereitete Gemüse mit Erbsen, Ebly, Weißwein sowie Gemüsebrühe in den ungelochten Garbehälter geben und 20–25 Minuten garen.

Den Risotto herausnehmen, Butter und Parmesan unterheben, mit Salz sowie Pfeffer abschmecken und servieren.

Fleisch & Wein

Wenn es um Fleisch und Wein geht, steht umami im Mittelpunkt. Die dafür zuständigen Rezeptoren auf unserer Zunge sprechen vor allem auf einen Geschmack an, der bei uns inzwischen fast verpönt ist: Glutamat, genauer gesagt Glutaminsäure. Als Teil vieler Proteine kommt sie in zahlreichen Lebensmitteln vor. Vor allem eben in Fleisch. Dort entsteht sie, wenn beim Schmoren oder langem Kochen die Proteine gespalten werden. Die freigesetzte Glutaminsäure sorgt dafür, dass Fleisch besonders gut schmeckt, nämlich herzhaft und würzig. Wo sie und damit umami am Werk ist, herrscht ein angenehmer Wohlgeschmack. Daher kommt es bei der Weinauswahl zum Fleisch auch immer ein wenig auf die Zubereitungsart an.

Kurzgebratenes wird von Röstaromen dominiert, die mal mehr, mal weniger stark ausgeprägt sind, dazu vom zarten Fleischgeschmack im Inneren. Hier darf es ein kräftiger Rotwein sein, einer, der die Röstaromen abholt, also gern mit etwas Barrique-Ausbau, etwas kräftigerem Alkohol und Gerbstoffen. Beispielsweise ein Tempranillo aus Spanien oder ein trockener Rotwein vom Douro. Ein Rotwein aus dem französischen Weinanbaugebiet Côtes-du-Rhône ist auch eine gute Wahl. Wer es ganz klassisch französisch mag, greift – natürlich – zu einem Bordeaux. Die Hauptrebsorte dort ist Grenache, und die Weine sind nicht ganz so voluminös wie ein Tempranillo oder die Douro-Weine, dafür aber sehr würzig und von dezenter Frucht getragen. Mag es jemand harmonischer, lässt sich mit der etwas fruchtigeren und voluminösen Art eines Malbec experimentieren. Die alte französische Rebsorte hat in Südamerika eine neue Heimat gefunden, und die Weine zeigen sich würzig, von intensiver Frucht geprägt, dabei füllig und kräftig.

Weißweine können es auch mit den Röstaromen aufnehmen. Ein kräftiger, fülliger Chardonnay aus dem Barrique beispielsweise. Wem das zu voluminös ist, probiert es mit einem Pouilly Fumé oder einem Sauvignon blanc mit rauchigen Aromen von der Loire. In Südafrika ist das traditionelle Braai, das Grillen über Glut, ein wichtiges soziales Ereignis, und dazu wird auch in Südafrika Wein getrunken. Der Allrounder ist der weiße Chenin blanc. Je nach Ausbau ist er als leichte, fruchtige Variante zu haben oder als vollmundiger und weicher Gaumenschmeichler. Zu den Röstaromen, die auch in der Pfanne entstehen, passen beide Varianten. Ein Viognier, gerne aus dem Burgund, ist ebenfalls eine passende Alternative.

Fleisch

Wird das Fleisch geschmort oder lange gegart, stehen die Schmoraromen im Vordergrund und die sind tatsächlich von Umami geprägt. Dazu kommen der typische Geschmack des jeweiligen Tiers und natürlich die Sauce, Gewürze sowie andere Zutaten zum Fleisch. Gerbstoffe und Phenole müssen nicht gänzlich ausgeschlossen werden bei der Weinauswahl, sie sollten allerdings nicht zu dominant sein. Umami verstärkt den Eindruck von Bitterem noch einmal und könnte zu unangenehmen Erfahrungen führen.

Beim Asiatischen Schweinebauch (s. S. 191) sind intensive Gewürze und Kräuter von Koriander über Curry bis zu Limette im Vordergrund. Hierzu könnte man es mal mit einem Vouvray versuchen, am besten demi sec, also halbtrocken, das passt perfekt zum Schweinbauch und auch zu den Gewürzen. Nur zu süß darf der Wein nicht sein, dann hat das Gericht keine Chance. Ein ganz anderes Geschmackserlebnis bereitet ein deutscher Pinot noir, am besten etwas rustikaler und aus einem warmen Jahrgang wie 2009. Ein paar Ecken und Kanten sollte er unbedingt haben, um mit dem herzhaften Schweinbauch zurechtzukommen.

Beim Rindergulasch mit Waldpilzen (s. S. 204) sollte man die feine Säure nicht aus den Augen verlieren. Also einen Wein aussuchen, der nicht zu säurebetont schmeckt, damit das Ganze harmonisch wird. Ein Silvaner beispielsweise, der sich mit der Sämigkeit des Gulasch' verbindet und nicht zu dominant ist. Beim Rotwein darf man ruhig etwas experimentierfreudig sein. Vielleicht ein Vernatsch aus Südtirol, ein leichter, nicht zu alkoholischer Rotwein, der zum Gulasch die richtige Balance aus Frucht und Substanz mitbringt. Wer ein „stoffiges" Gegenüber zum Geschmorten bevorzugt, kann es auch mal mit den italienischen Supertuscans à la Tignanello, Ornellaia und Co. versuchen. Oder nach Spanien gehen und mit einem Tempranillo aus der Rioja seinen perfekten Wein finden. Als Crianza bringt der genug Frucht, Würze und Schmelz mit, um mit dem Gulasch gut zu harmonieren.

Natürlich kann man keine verbindlichen Grundregeln definieren, um die richtige Weinauswahl für die vielen verschiedenen Fleischgerichte zu treffen. Röstaromen sind dabei immer wichtige Punkte, helles Fleisch wie Kalb oder Huhn schmeckt natürlich nicht so intensiv wie dunkles. Entsprechend sollte man die Weine aussuchen. Und dabei die Sauce und das ganze Beiwerk unbedingt berücksichtigen.

Gegrillte Ente vom Spieß

Für 4 Personen
Ente
1 küchenfertige Ente (ca. 2 kg)
grobes Meersalz
weißer Pfeffer

Marinade
4 EL Sojasauce
2 EL Honig
1 TL 5-Gewürze-Pulver
½ TL geriebene Limettenschale

Gegrillte Ente vom Spieß

Den Backofen auf 160 °C Umluft vorheizen.

Die Ente waschen, trocken tupfen und von außen wie innen leicht mit etwas Meersalz und Pfeffer würzen.

Die Ente auf den Drehspieß stecken und fixieren. Den Grillspieß in die Vorrichtung mit dem Backblech darunter einhängen und darauf achten, dass die Stange zum Drehen des Spießes im hinteren Teil des Backofens einrastet. 150 ml Wasser in das Backblech gießen. Die Ente im Backofen ca. 1,5 Stunden grillen, bis sie gut gebräunt ist.

Wenn die Ente braun und appetitlich aussieht, eine Garprobe machen: Mit einer Fleischgabel in eine der Keulen stechen und die Gabel vorsichtig drehen. Wenn sich das Fleisch zart und saftig anfühlt, ist die Ente fertig und kann mit der Marinade bestrichen werden.

Für die Marinade Sojasauce, Honig, 5-Gewürze-Pulver und Limettenschale in einer Schüssel gut miteinander verrühren. Während sich die Ente weiter auf dem Spieß dreht, mit einem Küchenpinsel nach und nach die Marinade auf die Ente pinseln, bis sie vollständig aufgebraucht ist. Den Backofen auf 200 °C erhöhen und 5 Minuten fertig grillen.

Die Ente aus dem Backofen und vom Spieß nehmen, tranchieren und servieren.

Achtung: Der karamellisierte Honig ist sehr heiß!

Putenröllchen mit Tomate, Basilikum und Pinienkernen

Für 4 Personen

Tomatensauce
2 Zwiebeln
1 Knoblauchzehe
4 EL Olivenöl
2 EL Tomatenmark
1 Dose ganze Tomaten (400 g)
1 Dose passierte Tomaten (200 g)
Salz, Pfeffer
Zucker
1 Stängel Basilikum

Putenröllchen
4 Putenschnitzel (á 180 g)
1 Kugel Mozzarella (125 g)
4 getrocknete Soft-Tomaten
1 Eiertomate
4 Stängel Basilikum
Salz, Pfeffer
2 EL Tomatenmark
30 g geröstete Pinienkerne
2 EL Pflanzenöl
Pflanzenöl zum Einfetten

Für die Sauce Zwiebeln und Knoblauch schälen und klein würfeln. In einem Topf in heißem Olivenöl glasig anschwitzen, das Tomatenmark zugeben und kurz mitanschwitzen. Die ganzen sowie die passierten Tomaten zufügen. Die Sauce ca. 30 Minuten köcheln lassen. Mit Salz, Pfeffer und Zucker abschmecken und mit einem Stabmixer leicht stückig pürieren. Basilikum waschen, trocken schleudern, Blätter abzupfen, fein hacken und in die Tomatensauce rühren.

Den Dampfbackofen auf 120 °C Heißluft und 60 % Feuchte vorheizen.

Für die Röllchen die Putenschnitzel waschen, trocken tupfen und in einem Vakuumierbeutel mit einem Schnitzelklopfer flach klopfen. Den Mozzarella abtropfen lassen und in 8 Scheiben schneiden. Die Soft-Tomaten würfeln. Die Eiertomate waschen, halbieren, vierteln, Kerngehäuse und Stielansatz entfernen und das Fruchtfleisch ebenso würfeln. Basilikum waschen, trocken schütteln und die Blätter abzupfen.

Die Putenschnitzel auf einem Brett ausbreiten, von beiden Seiten mit Salz und Pfeffer würzen. Eine Seite mit Tomatenmark bestreichen, mit je 2 Scheiben Mozzarella belegen, die Tomatenwürfel sowie die Pinienkerne darauf verteilen und mit Basilikum belegen. Die Schnitzel an den Seiten einschlagen, aufrollen und mit Zahnstochern fixieren.

Die Putenröllchen in einer Pfanne in heißem Öl ca. 3–5 Minuten von beiden Seiten anbraten. Anschließend in den ungelochten, mit etwas Öl bepinselten Garbehälter legen und im Dampfbackofen ca. 15–18 Minuten garen.

Die Putenröllchen mit der Tomatensauce anrichten und servieren.

Aromatisches Buttermilch-Hähnchen

Für 4 Personen
Standzeit: ca. 8 Stunden

Marinade
500 ml Buttermilch
2 EL grob gehackter Estragon
4 fein gehackte Knoblauchzehen
8 Wacholderbeeren
5 Lorbeerblätter
2 EL grobes Meersalz
1 TL gemahlener schwarzer Pfeffer
Abrieb von ½ unbehandelten Limette

Hähnchen
1 küchenfertiges Hähnchen (ca. 2 kg)

Glasur
250 ml Apfelsaft
4 EL Honig
1 EL Feigensenf
1 EL Estragonessig

Die Zutaten für die Marinade in einer Schüssel mischen.

Das Hähnchen waschen und trocken tupfen. Mit Küchengarn dressieren, in einen Vakuumierbeutel legen und die Marinade dazugießen. Den Beutel vakuumieren und ca. 8 Stunden oder über Nacht im Kühlschrank marinieren.

Die Zutaten für die Glasur in einem Topf bei mittlerer Temperatur zum Kochen bringen und ca. 5 Minuten auf 250 ml einkochen.

Das Hähnchen ca. 30 Minuten vor dem Grillen aus dem Kühlschrank nehmen.

Den Backofen auf 160 °C Ober- und Unterhitze vorheizen.

Das Hähnchen aus dem Beutel nehmen und trocken tupfen. Die restliche Marinade beiseitestellen. Das Hähnchen mittig auf den Drehspieß stecken und fixieren. Den Grillspieß in die Vorrichtung mit dem Backblech darunter einhängen und darauf achten, dass die Stange zum Drehen des Spießes im hinteren Teil des Backofens einrastet. 150 ml Wasser auf das Backblech gießen und 70 Minuten garen.

Nach 30 Minuten das Hähnchen mit der Marinade einpinseln, danach den Vorgang alle 10 Minuten wiederholen. Nach 70 Minuten die Temperatur auf 200 °C Ober- und Unterhitze erhöhen und das Hähnchen 5–6 Minuten knusprig goldbraun fertig grillen. Anschließend tranchieren und servieren.

FLEISCH 185

Mini-Burger mit gezupftem BBQ-Hähnchen sous-vide

Für 8 Mini-Burger
Standzeit: ca. 24 Stunden

Jerk-Gewürzmischung
- 1 EL Kreuzkümmelsamen
- 1 EL Koriandersamen
- 1 EL Anissamen
- 1 EL schwarze Pfefferkörner
- 1 EL Meersalz
- 1 EL Rohrohrzucker
- 2 EL edelsüßes Paprikapulver
- 1 TL Cayennepfeffer

BBQ-Hähnchen
- 6 Hähnchenschenkel
- 4 EL Jerk-Gewürzmischung (s.o.)
- 4 EL Sonnenblumenöl

BBQ-Sauce
- 2 TL Cayennepfeffer
- 1 TL gemahlener schwarzer Pfeffer
- 1 TL Meersalz
- 200 g Rohrohrzucker
- 300 g Tomatenmark
- 100 g Senf
- 100 ml dunkler Balsamico
- 80 ml Worcestershiresauce
- 50 ml Limettensaft
- 50 ml Melasse
- 70 g Honig
- 1 TL Chilisauce
- 1 rote Zwiebel
- 2 Knoblauchzehen
- 3 TL Pflanzenöl

Burger-Brötchen
- 150 ml lauwarme Milch
- 20 g geschmolzene Butter
- 1 EL Zucker
- 10 g frische Hefe
- 250 g Weizenmehl
- ½ TL Salz
- 1 Ei
- 1 Eigelb
- 1 EL Wasser
- 1 EL schwarze Sesamsamen

Für die Jerk-Gewürzmischung in einer Pfanne Kreuzkümmel, Koriander, Anis und Pfeffer ohne Fett rösten. Die Gewürze anschließend in einem Mörser zerstoßen und mit Meersalz, Zucker, Paprikapulver und Cayennepfeffer mischen. Die Gewürzmischung etwas auskühlen lassen und in einem sauberen Gefäß luftdicht aufbewahren.

Für das BBQ-Hähnchen die Hähnchenschenkel waschen und trocken tupfen. Die Gewürzmischung mit dem Öl in einer Schüssel gut verrühren, die Hähnchenschenkel darin marinieren. Alles in einen Vakuumierbeutel füllen, vakuumieren und ca. 24 Stunden im Kühlschrank ziehen lassen.

Für die BBQ-Sauce die Pfeffersorten, Salz und Zucker in einer Schüssel miteinander vermischen, in einer zweiten Schüssel die restlichen Zutaten, bis auf Zwiebel, Knoblauch und Öl, verrühren. Die Zwiebel schälen und in kleine Würfel schneiden. Den Knoblauch schälen und mit dem Messerrücken andrücken. In einer Pfanne das Öl erhitzen, die Zwiebelwürfel glasig dünsten, den Knoblauch zugeben und anbraten. Dann Trockengewürze zufügen und kurz anrösten. Zum Schluss die restlichen Zutaten einrühren und bei geringer Temperatur etwa 20 Minuten köcheln lassen, dabei gelegentlich umrühren. Die Sauce über Nacht im Kühlschrank ziehen lassen. Luftdicht verschlossen hält sie sich mindestens eine Woche im Kühlschrank.

Für die Burger-Brötchen Milch, Butter und Zucker miteinander verrühren. Die Hefe hineinbröckeln und darin auflösen. Beiseitestellen, bis die Hefe-Milch beginnt zu schäumen. Mehl mit Salz mischen, zusammen mit dem Ei zur schäumenden Milch geben und in einer Küchenmaschine zu einem glatten Teig verkneten. Anschließend den Teig ca. 1 Stunde an einem warmen Ort abgedeckt gehen lassen. Wenn sich das Volumen verdoppelt hat, den Teig nochmals kurz durchkneten, in 8 gleich große Stücke teilen und zu Burger-Brötchen formen. Auf ein mit Backpapier ausgelegtes Backblech legen und nochmals ca. 45 Minuten gehen lassen.

Den Dampfbackofen auf 190 °C Heißluft und 30 % Feuchte vorheizen.

Das Eigelb mit dem Wasser verrühren, die Brötchen damit einstreichen und mit Sesam bestreuen. Im Dampfbackofen ca. 20 Minuten backen.

Den Dampfbackofen auf 100 °C Heißluft und 100 % Feuchte stellen.

Die Hähnchenschenkel aus dem Kühlschrank nehmen und im Dampfbackofen 2 Stunden garen. Das Fleisch aus dem Vakuumierbeutel nehmen. Etwas abkühlen lassen, die Haut entfernen und das Fleisch von den Knochen zupfen. Das Fleisch mit der BBQ-Sauce vermengen und bei Bedarf nochmals erhitzen.

Die Burger-Brötchen aufschneiden, das gezupfte BBQ-Hähnchen darauf verteilen und servieren.

Gegrillte Maishuhnbrust mit Haut

Für 4 Personen

4 Maishuhnbrüste mit Haut
 und Flügelknochen (à ca, 250 g)
150 g schwarze Oliven ohne Stein
150 g Schalotten
1 Knoblauchzehen
2 Zweige Thymian
1 EL Olivenöl
Salz, Pfeffer

Den Backofen auf 180 °C Ober- und Unterhitze vorheizen.

Die Maishuhnbrüste waschen und trocken tupfen. Die Oliven klein hacken. Schalotten und Knoblauch schälen und in kleine Würfel schneiden. Den Thymian waschen, trocken schütteln, Blättchen abzupfen und hacken.

Das Olivenöl in einer Pfanne erhitzen und darin die Schalotten- und Knoblauchwürfel glasig dünsten. Mit den Oliven zusammen in einem hohen Becher zu einer Creme aufmixen. Den Thymian zu der Olivencreme geben.

Die Maishuhnbrüste von beiden Seiten mit Salz und Pfeffer gut würzen. Die Haut lösen, die Olivencreme gleichmäßig auf den Brüsten verteilen und wieder mit der Haut bedecken.

Die Maishuhnbrüste im Backofen ca. 25–30 Minuten garen, anschließend aus dem Ofen nehmen und servieren.

Weißwürste in Apfelwein

Für 4 Personen
8 Weißwürste
½ Zwiebel
1 Apfel
2 Lorbeerblätter
2 Wacholderbeeren
1 Nelke
500 ml Apfelwein

Den Dampfbackofen auf 80 °C Heißluft und 100 % Feuchte vorheizen.

Die Weißwürste waschen, trocken tupfen und in eine Auflaufform oder den ungelochten Garbehälter legen. Die Zwiebel schälen und in Ringe schneiden. Den Apfel waschen, entkernen und in dünne Spalten schneiden. Zwiebelringe, Apfelspalten sowie Gewürze zu den Weißwürsten geben und mit Apfelwein auffüllen.

Die Weißwürste im Dampfbackofen ca. 15 Minuten garen, dabei nach der Hälfte der Zeit die Würste wenden.

Tipp: Für die Zubereitung der Weißwürste ohne Sud den Dampfbackofen auf 90 °C Heißluft und 100 % Feuchte vorheizen. Die Weißwürste ohne die restlichen Zutaten im gelochten Garbehälter je nach Dicke 10–12 Minuten garen. Weißwürste aus dem Ofen holen und sofort servieren.

Für 4 Personen
1 kg Schweinebauch
grobes Meersalz
gemahlener Pfeffermix
4 Stängel glatte Petersilie
2 Stängel Curryblätter (Asiageschäft)
6 Stängel Koriander
2 Stängel Zitronengras
3 Frühlingszwiebeln
1 TL grüner Pfeffer
2 Knoblauchzehen
4 dünne Scheiben Ingwer
1 Chilischote
2 Msp. Kurkumapulver
3 EL Sojasauce
8 EL Olivenöl

Schweinebauch mit asiatischen Gewürzen sous-vide

Den Dampfbackofen auf 80 °C Heißluft und 100 % Feuchte vorheizen.

Den Schweinebauch gründlich mit kaltem Wasser abwaschen und trocken tupfen. Die Schwarte mit einem scharfen Messer rautenförmig einschneiden und mit grobem Meersalz sowie Pfeffermix würzen.

Die Kräuter waschen, trocken schütteln, die Blätter abzupfen und grob hacken. Das dickere Ende des Zitronengrases mit dem Messerrücken flach klopfen und die Stange in 4 cm große Stücke schneiden. Die Frühlingszwiebeln waschen, putzen und in feine Ringe schneiden. Den grünen Pfeffer im Mörser zerstoßen. Knoblauch und Ingwer schälen und in feine Würfel schneiden. Die Chilischote waschen, von den Kernen befreien und in feine Ringe schneiden.

Alle Kräuter, Gewürze und Sojasauce mit dem Olivenöl verrühren. Den Schweinebauch mit der Kräutermarinade in einem Vakuumierbeutel vakuumieren.

Den Schweinebauch im Dampfbackofen ca. 8 Stunden garen. Anschließend aus dem Beutel nehmen und dabei die Marinade auffangen. Den Schweinebauch in Scheiben oder Würfel schneiden. Die Marinade in einem Topf auf ca. ⅓ einkochen und den geschnittenen Schweinebauch darin glasieren.

Königsberger Klopse

Für 4 Personen

Klopse
50 g Nudeln
Salz
1 Sardellenfilet
1 Zwiebel
1 Knoblauchzehe
1 EL Butter
500 g gemischtes Hackfleisch
1 Ei
1 EL gehackte Petersilie
2 EL Semmelbrösel
Pfeffer

Sauce
100 g Champignons
1 Schalotte
1 EL Butter
50 ml Weißwein
250 ml Rinderbrühe
100 ml Sahne
1 EL Kapern
1 TL Senf
Salz, Pfeffer

Für die Klopse die Nudeln etwas länger als auf der Packung angegeben in ausreichend kochendem Salzwasser weich kochen, abschrecken und abtropfen lassen.

Das Sardellenfilet ca. 10 Minuten in ausreichend lauwarmes Wasser legen. Anschließend trocken tupfen und fein hacken. Zwiebel und Knoblauch schälen, in Würfel schneiden, in einer Pfanne in der heißen Butter glasig anschwitzen und abkühlen lassen. Das Hackfleisch mit Sardellenfilet, Ei, Petersilie und Semmelbröseln vermischen, mit Salz und Pfeffer würzen. Nudeln, Zwiebel und Knoblauch durch eine Kartoffelpresse drücken und ebenfalls gründlich unter das Hackfleisch mischen.

Für die Sauce die Champignons putzen und trocken säubern, z. B. mit einem Küchenpinsel. Sind sie sehr verschmutzt, ganz kurz in Wasser schwenken, abtupfen und in Würfel schneiden. Die Schalotte schälen und ebenfalls würfeln. Champignons und Schalotte in einem Topf in der heißen Butter glasig anschwitzen, mit Weißwein ablöschen und fast vollständig einkochen lassen. Mit Rinderbrühe und Sahne aufgießen, aufkochen und bei mittlerer Temperatur ca. 5 Minuten kochen. Mit Kapern, Senf, Salz und Pfeffer abschmecken.

Den Dampfbackofen auf 100 °C Heißluft und 100 % Feuchte vorheizen.

Aus der Hackfleischmasse mit feuchten Händen 16 Klopse formen, in den ungelochten Garbehälter setzen und im Dampfbackofen ca. 20 Minuten garen.

Die Königsberger Klopse mit der Sauce auf Tellern anrichten und servieren.

Tipp: Wem die Sauce zu dünnflüssig ist, kann sie noch mit etwas in kaltem Wasser angerührter Speisestärke zur gewünschten Konsistenz binden.

FLEISCH 193

Kohlrouladen

Für 4–6 Personen

Bratensauce
1,3 kg klein gehackte Rinderknochen
3 EL Sonnenblumenöl
400 g Suppengrün (Knollensellerie, Lauch, Möhre, Petersilie)
1 Zwiebel
1 Tomate
1,5 EL Tomatenmark
1 l Rotwein
2 Knoblauchzehen
3 Gewürznelken
2 Lorbeerblätter
5 Wacholderbeeren
3 Stängel Petersilie
Salz, Pfeffer

Kohlrouladen
1 großer Weißkohl
1 Knoblauchzehe
1 Zwiebel
500 g Rinderhackfleisch
1 Ei
30 g Semmelbrösel
Salz, Pfeffer
edelsüßes Paprikapulver
2 EL Sonnenblumenöl
200 ml Rinderfond
2 EL flüssige Butter

Für die Bratensauce die Knochen in einem Bräter oder Topf in Öl anbraten. Suppengrün putzen, waschen, bei Bedarf schälen und in Würfel schneiden. Zwiebel schälen und würfeln. Tomate waschen, Strunk entfernen und vierteln. Wenn die Knochen gut gebräunt sind, das Gemüse, bis auf die Tomate, zugeben. Nach 10 Minuten das Tomatenmark einrühren und gut anrösten. Mit 500 ml Rotwein ablöschen. Wenn der Rotwein verdunstet ist, weiterrösten und mit dem restlichen Rotwein aufgießen. Knoblauchzehen schälen, mit einem Messer andrücken, mit den Gewürzen, der gewaschenen Petersilie und der Tomate zugeben. Mit so viel Wasser auffüllen, dass die Knochen gut bedeckt sind und bei mittlerer Temperatur mindestens 3 Stunden köcheln lassen.

Dann durch ein feines Sieb oder ein Tuch geben, kalt stellen und das kalte Fett von der Oberfläche entfernen. Für die Fertigstellung der Sauce diese aufkochen, zur gewünschten Konsistenz einkochen und mit Salz und Pfeffer abschmecken.

Für die Kohlrouladen den Dampfbackofen auf 100 °C Heißluft und 100 % Feuchte vorheizen.

Den Weißkohl putzen. 8 große Blätter abnehmen, waschen und beiseitelegen. Vom restlichen Weißkohl ca. 300 g in Streifen schneiden.

Die ganzen Weißkohlblätter in den gelochten Garbehälter geben und im Dampfbackofen ca. 2–3 Minuten dämpfen. Mit kaltem Wasser abschrecken und auf einem Geschirrtuch abtropfen lassen. Die Weißkohlstreifen im ungelochten Dampfeinsatz ca. 5 Minuten dämpfen und auskühlen lassen.

Für die Füllung Knoblauch und Zwiebel schälen und fein würfeln. Hackfleisch, Ei, Semmelbrösel, Knoblauch und Zwiebel miteinander vermischen. Mit Salz, Pfeffer und Paprikapulver würzen. Die ausgekühlten Weißkohlstreifen unterkneten.

Die Temperatur des Dampfbackofens auf 120 °C Heißluft erhöhen und die Feuchte auf 80 % reduzieren.

Von den gedämpften Weißkohlblättern die Mittelrippe flach schneiden. Zwischen zwei saubere Geschirrtücher legen und mit einem Nudelholz vorsichtig glatt rollen. Die Blätter aus den Tüchern nehmen und die Hackfleischmasse darauf verteilen. Die Blätter einschlagen, aufrollen und mit Küchengarn zusammenbinden. Das Öl in einer Pfanne erhitzen und die Rouladen von beiden Seiten kurz bei hoher Temperatur anbraten. In den ungelochten Garbehälter den Rinderfond füllen, die Kohlrouladen hineinlegen und im Dampfbackofen ca. 35–40 Minuten garen.

Die Temperatur des Dampfbackofens auf 180 °C Heißluft erhöhen und die Feuchte auf 0 % reduzieren.

Die Rouladen weitere 15 Minuten garen und 5 Minuten vor Ende der Garzeit mit flüssiger Butter bestreichen.

Die Rouladen mit der Bratensauce servieren.

Tipp: Dazu passt Kartoffelpüree (s. S. 172).

Gefüllte Paprika

Für 4 Personen
4 Paprikaschoten
1 Zwiebel
1 Knoblauchzehe
5 Stängel Petersilie
5 Stängel Koriander
4 EL Olivenöl
250 g Kalbshackfleisch
1 Dose Pizzatomaten (425 g)
2 TL Ras el Hanout
    oder mildes Currypulver
1 TL gemahlener Kreuzkümmel
100 g gekochter Reis
Salz, Pfeffer

Den Dampfbackofen auf 140 °C Heißluft und 30 % Feuchte vorheizen.

Die Paprikaschoten waschen, die Oberseiten als Deckel abschneiden und Kerne sowie weiße Innenhäute entfernen. Zwiebel und Knoblauch schälen und fein würfeln. Petersilie und Koriander waschen, trocken schütteln, Blätter abzupfen und hacken.

In einer Pfanne 2 EL Olivenöl heiß werden lassen. Zwiebel- und Knoblauchwürfel darin andünsten. Das Hackfleisch zugeben und unter Rühren krümelig braten.

Pizzatomaten, Ras el Hanout, Kreuzkümmel, Kräuter und gekochten Reis zum Hackfleisch geben. Die Füllung kräftig mit Salz und Pfeffer abschmecken, dann in die Paprikaschoten füllen.

Die gefüllten Paprika in den ungelochten Garbehälter setzen und die Deckel auflegen. Mit dem restlichen Olivenöl einpinseln und mit Salz sowie Pfeffer würzen.

Im Dampfbackofen ca. 1 Stunde garen. Aus dem Ofen nehmen und servieren.

Hackbraten

Für 4 Personen
½ Baguette vom Vortag (120 g)
3 EL Paniermehl
130–150 ml warme Milch
2 Karotten
4 Stangen Staudensellerie
1 mittelgroße Zwiebel
2 Knoblauchzehen
1 Bund Petersilie
2 EL Butter
Salz
600 g gemischtes Hackfleisch
2 Eier
Pfeffer
2 EL mittelscharfer Senf
2 Msp. edelsüßes Paprikapulver

Das Baguette in kleine Würfel schneiden, Paniermehl zugeben, mit Milch übergießen und ca. 15 Minuten quellen lassen. Anschließend gut durchkneten.

Den Dampfbackofen auf 120 °C Heißluft und 80 % Feuchte vorheizen.

Karotten und Sellerie putzen, waschen, ggf. schälen und in kleine Würfel schneiden. Die Sellerieblätter grob hacken. Zwiebel und Knoblauch schälen und in Würfel schneiden. Die Petersilie waschen, trocken schütteln, Blätter abzupfen und grob hacken.

Die Butter in einer großen Pfanne erhitzen, Zwiebel und Knoblauch darin ca. 5 Minuten glasig dünsten. Karotten und Sellerie zugeben und weitere 10 Minuten garen. Das Gemüse leicht salzen, herausnehmen und abkühlen lassen.

Das Hackfleisch mit eingeweichtem Brot, Eiern und dem abgekühlten Gemüse gut mischen und mit Salz, Pfeffer, Senf sowie Paprikapulver kräftig abschmecken. Mit der Petersilie und den Sellerieblättern verfeinern.

Die Hackmasse in eine Kastenform (25 × 12 cm) geben. Im Dampfbackofen ca. 30 Minuten garen. Anschließend die Temperatur auf 180 °C Heißluft erhöhen, die Feuchte auf 0 % reduzieren und weitere 20 Minuten garen. Den Hackbraten aus der Form nehmen, in Scheiben schneiden und servieren.

Schweinebraten

Für 6 Personen
2 kg Schweinehüfte am Stück mit Schwarte
2–3 EL mittelscharfer Senf
Kümmelpulver
feines Meersalz
Pfeffer

Den Dampfbackofen auf 100 °C Heißluft und 100 % Feuchte vorheizen.

Das Fleisch waschen und trocken tupfen. Im Dampfbackofen auf das Gitter legen, den ungelochten Garbehälter darunter schieben und die Hüfte 30 Minuten dämpfen. Herausnehmen und die Schwarte rautenförmig einschneiden.

Die Temperatur des Dampfbackofens auf 180 °C Heißluft erhöhen und die Feuchte auf 80 % reduzieren.

Die Fleischseite mit Senf einreiben und mit Kümmelpulver, Salz und Pfeffer würzen. Die Schwarte sollte dabei frei von Gewürzen und Senf bleiben.

Den Braten mit der Schwarte nach oben auf das Gitter legen und diese kräftig mit Salz einreiben. Den Kerntemperaturfühler einstecken und die Hüfte bis zu einer Kerntemperatur von 64 °C garen.

Wenn die Kerntemperatur erreicht ist, den Dampfbackofen auf Flächengrill mit Umluft und 230 °C einstellen. Das Fleisch ca. 35–40 Minuten weiterbraten, bis die Schwarte aufgepufft und knusprig ist. Den Schweinebraten aus dem Ofen holen, in Scheiben schneiden und servieren.

Rinderroulade mit Trockenobst-Speckfüllung sous-vide

Für 4 Personen

Füllung
200 g gemischtes Trockenobst (z. B. Pflaumen, Feigen, Datteln, Aprikosen, Äpfel)
1 Zwiebel
50 g Speckwürfel
2 EL Balsamico-Creme

Rouladen
4 Rinderrouladen (à 200 g)
Salz, Pfeffer
2 EL Senf
2 Knoblauchzehen
1 Zwiebel
4 EL Rapsöl
200 g gewürfeltes Gemüse (z. B. Möhre, Sellerie, Lauch)
2 EL Tomatenmark
1 Zweig Thymian
1 Zweig Rosmarin
1 Lorbeerblatt
100 ml Rotwein
100 ml Portwein
400 ml Rinderfond
Speisestärke nach Bedarf

Für die Füllung das Trockenobst in kleine Würfel schneiden und in kaltem Wasser ca. 15 Minuten quellen lassen.

Die Rouladen waschen, trocken tupfen und nacheinander in einem Vakuumierbeutel flach klopfen. Die Zwiebel schälen und in kleine Würfel schneiden. In einer heißen Pfanne mit den Speckwürfeln glasig dünsten. Das Trockenobst durch ein Sieb gießen, abtropfen lassen und zur Speck-Zwiebelmischung geben. Die Balsamico-Creme unterrühren.

Den Dampfbackofen auf 80 °C Heißluft und 100 % Feuchte vorheizen.

Die Rouladen auf einem Brett auslegen, von beiden Seiten mit Salz und Pfeffer würzen und jeweils eine Seite mit dem Senf bestreichen. Die Trockenobst-Speckmischung auf dem Senf verteilen, die Seiten einklappen, die Rouladen einrollen und mit Küchengarn zusammenbinden.

Den Knoblauch und die Zwiebel schälen und würfeln. Das Rapsöl in einer Pfanne erhitzen und die Rouladen ringsum kräftig anbraten. Herausnehmen und Zwiebelwürfel, den Knoblauch sowie das Gemüse in die Pfanne geben. Alles gut anbraten, Tomatenmark zufügen und mitanschwitzen. Die Kräuter waschen, trocken schütteln und ebenfalls dazugeben. Mit Rotwein und Portwein ablöschen, aufkochen und reduzieren, bis die Sauce dickflüssig ist. Mit dem Rinderfond auffüllen und kurz aufkochen. Die Sauce abkühlen lassen und zusammen mit den Rouladen in einen großen Vakuumierbeutel legen. Vakuumieren und für 4 Stunden im Dampfbackofen garen.

Anschließend die Rouladen aus dem Vakuumbeutel nehmen und warm halten. Den Sud durch ein feines Sieb passieren, in einem Topf aufkochen und mit in kaltem Wasser angerührter Speisestärke binden. Mit Salz und Pfeffer abschmecken. Die Rouladen wieder in die Sauce legen und anschließend servieren.

FLEISCH 201

Rehsauerbraten mit glasierten Äpfeln sous-vide

Für 4 Personen
Standzeit: ca. 2 Tage

Sauerbraten
1 kg pariertes Rehfleisch
 (aus Schulter oder Keule)
Salz, Pfeffer
1 EL Tomatenmark
2 EL Rübenkraut
2 EL Apfelkraut
Speisestärke nach Bedarf

Marinade
1 gewürfelte Karotte
100 g gewürfelter Knollensellerie
2 gewürfelte Zwiebeln
1 Flasche Rotwein (750 ml)
100 ml Rotweinessig
1 EL Pfefferkörner
1 EL Senfkörner
1 EL Wacholderbeeren
2 Lorbeerblätter
1 Nelke
1 Zweig Thymian (gewaschen)
2 geschälte Knoblauchzehen

Glasierte Äpfel
5 Cox-Orange-Äpfel
50 g Butter
30 g Zucker
40 g Mandelstifte
40 g Rosinen

Für den Sauerbraten das Rehfleisch waschen, trocken tupfen, mit den Marinadezutaten in einen Vakuumierbeutel geben und 2 Tage im Kühlschrank marinieren.

Den Dampfbackofen auf 100 °C Heißluft und 100 % Feuchte vorheizen.

Das Fleisch aus der Marinade nehmen und trocken tupfen. Die Marinade durch ein feines Sieb gießen, dabei den Sud auffangen. Das Reh ohne Zugabe von Fett in einem Bräter scharf anbraten und mit Salz sowie Pfeffer leicht würzen.

Gemüse und Gewürze der Marinade zum Reh geben, alles gut Farbe annehmen lassen. Tomatenmark, Rüben- sowie Apfelkraut einrühren und mitrösten, dann den Sud der Marinade zugießen. Die Fleischstücke mit dem Saucenansatz in einen Vakuumierbeutel geben und vakuumieren. Den Beutel in den ungelochten Garbehälter legen und im Dampfbackofen ca. 2,5 Stunden garen.

Den Rehsauerbraten aus dem Beutel nehmen und warm stellen. Die Sauce durch ein Sieb gießen, etwas einkochen lassen und abschmecken. Bei Bedarf mit in kaltem Wasser angerührter Speisestärke zur gewünschten Konsistenz binden. Das Fleisch in Scheiben schneiden und wieder zugeben.

Für die glasierten Äpfel die Äpfel waschen, schälen, entkernen und in Ecken schneiden. Die Butter in einer Pfanne zerlassen, die Apfelecken zugeben und anbraten. Mit Zucker bestreuen und leicht bräunen lassen. Mandelstifte zufügen und mitbräunen, zuletzt die Rosinen untermischen.

Den Rehsauerbraten mit der Sauce auf Tellern anrichten und mit den glasierten Äpfeln servieren.

Rindergulasch mit Waldpilzen

Für 6 Personen

1 kg Rindfleisch (aus der Keule)
1 kg Zwiebeln
3 Knoblauchzehen
4 EL Butterschmalz
Salz, Pfeffer
edelsüßes Paprikapulver
1 EL Weizenmehl
1 EL Tomatenmark
1 EL Essig
500 ml Rotwein
1 l Rinderbrühe
1 Lorbeerblatt
1 Bund Suppengrün (Möhre, Lauch, Knollensellerie, Petersilie)
300 g gemischte Waldpilze
1 TL Abrieb von 1 unbehandelten Zitrone
Kümmelpulver
Speisestärke nach Bedarf

Den Backofen auf 180 °C Ober- und Unterhitze vorheizen.

Das Rindfleisch waschen, trocken tupfen und grob würfeln. Zwiebeln und Knoblauch schälen. Zwiebeln klein schneiden und Knoblauch fein hacken. 2 EL Butterschmalz in einem Schmortopf oder Bräter erhitzen und das Fleisch portionsweise darin anbraten. Kräftig mit Salz, Pfeffer und Paprikapulver würzen. Wer's scharf mag, nimmt rosenscharfes Paprikapulver. Die Mischung mit Mehl bestäuben und herausnehmen.

1 EL Butterschmalz in dem Topf erhitzen, Zwiebeln und Knoblauch zugeben und anschwitzen. Tomatenmark unterrühren, leicht anrösten, dann mit Essig ablöschen. Mit Rotwein und Brühe auffüllen. Fleisch sowie Lorbeerblatt zugeben und aufkochen. Das Gulasch abgedeckt im Backofen ca. 2 Stunden schmoren, bis das Fleisch weich ist.

In der Zwischenzeit das Suppengrün putzen, waschen, ggf. schälen, zusammenbinden und nach ca. 45 Minuten zum Fleisch geben. Die Waldpilze mit einem Pinsel putzen und je nach Größe halbieren oder vierteln. Das restliche Butterschmalz in einer Pfanne erhitzen, die Waldpilze kräftig darin anbraten und würzen.

Nach Ende der Garzeit Suppengrün und Lorbeerblatt entfernen. Das Gulasch mit Salz, Pfeffer, Zitronenabrieb und Kümmel abschmecken. Nach Bedarf mit etwas in kaltem Wasser angerührter Speisestärke zur gewünschten Konsistenz binden.

Die angebratenen Waldpilze unter das Gulasch rühren und zum Beispiel mit Serviettenknödeln (s. S. 168) servieren.

Ossobuco mit Gremolata

Für 4 Personen

Ossobuco
50 g getrocknete Tomaten in Öl
2 Knoblauchzehen
12 kleine Zwiebeln
2 Zweige Thymian
1,5 kg Kalbshaxe (vom Metzger in ca. 3 cm dicke Scheiben geschnitten)
Weizenmehl zum Wenden
Salz, Pfeffer
3 EL Olivenöl
2 Lorbeerblätter
1 EL Tomatenmark
500 ml Weißwein
1,5 l Fleischbrühe

Gremolata
1 unbehandelte Zitrone
1 Knoblauchzehe
½ Bund Petersilie
2 EL Olivenöl

Den Backofen auf 200 °C Ober- und Unterhitze vorheizen.

Die getrockneten Tomaten in dünne Streifen schneiden. Knoblauch schälen und grob hacken. Die Zwiebeln schälen und in grobe Würfel schneiden. Den Thymian waschen und trocken schütteln. Die Haxenscheiben waschen und trocken tupfen. Am äußeren Fettring zweimal einschneiden. Das Mehl auf einen Teller geben, die Fleischscheiben darin wenden, etwas abklopfen, salzen und pfeffern.

In einem Bräter das Öl erhitzen und das Fleisch von beiden Seiten scharf anbraten. Zwiebeln und Knoblauch, getrocknete Tomaten, Lorbeerblätter, Thymian und Tomatenmark zugeben und anschwitzen. Mit Weißwein und Brühe ablöschen, bis die Haxenscheiben bedeckt sind. Den Deckel auflegen und im Backofen ca. 2 Stunden schmoren. Nach ca. 1½ Stunden eventuell etwas Wein oder Wasser nachgießen. Das Fleisch aus dem Bräter nehmen und den Schmorfond passieren.

Für die Gremolata die Zitrone gründlich abwaschen und die Zesten abziehen. Knoblauch schälen und fein hacken. Petersilie waschen, trocken schütteln, Blätter abzupfen und sehr fein hacken. Mit den Zitronenzesten, dem Knoblauch und dem Olivenöl vermischen.

Ossobuco mit dem Schmorfond anrichten und mit Gremolata bestreuen.

Kalbstafelspitz sous-vide

Für 4 Personen
1 Zweig Thymian
1 Zweig Rosmarin
1 kg küchenfertiger Kalbstafelspitz
1 Lorbeerblatt
1 geschälte Knoblauchzehe
2 EL Olivenöl
50 g Butter
50 g Rapsöl
Salz, Pfeffer

Den Dampfbackofen auf 60 °C Heißluft und 100 % Feuchte vorheizen.

Thymian und Rosmarin waschen und trocken schütteln. Den Kalbstafelspitz waschen und trocken tupfen. In einen Vakuumierbeutel legen und mit Thymian, Rosmarin, Lorbeerblatt sowie Knoblauch belegen. Das Olivenöl dazugießen und vakuumieren.

Den Kalbstafelspitz im Dampfbackofen ca. 3,5 Stunden garen.

Das Fleisch aus dem Vakuumierbeutel nehmen und trocken tupfen, den Garsud auffangen. Das Fleisch in einer Pfanne von beiden Seiten in der heißen Butter und dem Rapsöl anbraten. Mit Salz und Pfeffer würzen.

Den Kalbstafelspitz gegen die Faser in dünne Scheiben schneiden und mit dem Garsud übergießen.

Roastbeef in Bergheu

Für 4 Personen

Heuöl
2 Handvoll Bergheu
250 ml Sonnenblumenöl

Roastbeef
800 g küchenfertiges Roastbeef aus dem Mittelstück
   (alternativ Rinderfilet)
Pflanzenöl zum Braten
3 Handvoll Bergheu
3 Eiweiß
1 kg grobes Meersalz (Gros Sel de Guérande)

Den Dampfbackofen auf 70 °C Heißluft und 100 % Feuchte vorheizen.

Für das Heuöl das Bergheu mit Sonnenblumenöl in einen Vakuumierbeutel geben, vakuumieren und im Dampfbackofen ca. 1 Stunde ziehen lassen. Herausnehmen und anschließend durch ein Sieb gießen, dabei das Öl auffangen.

Das Roastbeef waschen, trocken tupfen und mindestens 20 Minuten im Heuöl einlegen.

Den Backofen auf 180 °C Ober- und Unterhitze vorheizen.

Das Roastbeef aus dem Öl nehmen, trocken tupfen und in einer heißen Pfanne mit etwas Pflanzenöl ringsherum scharf anbraten. Das übrig gebliebene Heuöl mit dem Heu mischen und das Roastbeef darin einwickeln.

Das Eiweiß aufschlagen und in das Meersalz einarbeiten. Ein Drittel der Salzmasse in einen ungelochten, mit Backpapier ausgelegten Garbehälter geben, zu einer Fläche etwas größer als das Roastbeef ausbreiten und anschließend das Fleisch darauflegen. Mit der restlichen Salzmasse bedecken, Kerntemperaturfühler einstecken und im Backofen ca. 20–25 Minuten garen, bis die Kerntemperatur von 54 °C erreicht ist.

Das Roastbeef aus der Salzkruste nehmen, säubern und in ca. 1 cm dicke Scheiben schneiden.

FLEISCH 209

Lammkeule

Für 4 Personen
2 vom Knochen ausgelöste Lammkeulen (à ca. 1,3 kg)
2 Zweige Rosmarin
5 Zweige Thymian
1–2 EL Olivenöl
Salz, Pfeffer

Den Backofen auf 200 °C Ober- und Unterhitze vorheizen.

Die Lammkeulen waschen, trocken tupfen und von Fett und Häuten befreien. Die Kräuter waschen, trocken schütteln, die Nadeln und Blättchen abzupfen und fein hacken. Kräuter, Olivenöl, Salz und Pfeffer zu einer Marinade verrühren und die Lammkeulen damit bestreichen.

Die Lammkeulen auf den Drehspieß stecken und fixieren. Den Grillspieß in die Vorrichtung mit dem Backblech darunter einhängen und darauf achten, dass die Stange zum Drehen des Spießes im hinteren Teil des Backofens einrastet. Das Lamm im Backofen ca. 30 Minuten garen.

Anschließend den Backofen auf 120 °C Ober- und Unterhitze reduzieren und nochmals ca. 15–20 Minuten weitergaren. Aus dem Ofen nehmen und in Scheiben schneiden.

7

Dessert & Wein

Nachtisch und Wein klingt nach: „süßes Gericht = süßer Wein, fertig". So einfach wie langweilig ist es zum Glück nicht. Denn Nachtisch ist nicht immer nur süß und verträgt auch mehr als nur ein ebenso süßes Gegenüber.

Auch beim Wein ist süß nicht gleich süß. Immerhin gibt es vom Kabinett bis zum Eiswein oder Sauternes so ziemlich jede Zuckermenge zur Auswahl. Dazu macht die Säure einen entscheidenden Unterschied, wie stark man die Süße wahrnimmt, und die Sorte sorgt mit ihrer Aromatik für eine individuelle Note. Zu guter Letzt haben aufgespritete Weine, beispielsweise Portwein oder Madeira mit bis zu 22 Volumenprozent, einen deutlich höheren Alkoholgehalt als beispielsweise ein Eiswein, der mit 7 bis 10 Volumenprozent eher niedrig ist. So hat man also auch bei den Süßweinen die Qual der Wahl.

Grundsätzlich gilt wie bei allen anderen Speisen auch beim Dessert: Der vorherrschende Geschmack ist entscheidend für die Weinauswahl. Fruchtiges sollte mit fruchtigen Weinen kombiniert werden, zum leichten Nachtisch passt eher auch ein leichter Süßwein und zum mächtigen, schweren darf es ebenfalls gern im Glas kräftig und süß sein.

Zur Crème brûlée (s. S. 219) mit dem hohen Gehalt an Fett und der karamellisierten Kruste bringt ein Sauternes mit seiner intensiven Süße und milden Säure das passende Gegengewicht zum Gericht mit. Alternativ tut es ein Ruster Ausbruch aus Österreich. Beides passt ebenso zum Schokoküchlein (s. S. 216), das mit seiner intensiven Süße und Aromatik auch mit einem Portwein harmoniert. Zur Zartbitterschokolade kann man es jedoch durchaus mal mit einem gereiften, nicht zu tanninhaltigen Rotwein probieren.

Die Apfelrose im Blätterteig (s. S. 224) hingegen fühlt sich mit einer Riesling Auslese von der Mosel wohl. Süße gepaart mit feiner Säure und der Fruchtigkeit des Rieslings ergänzen das Gericht perfekt. Spannend wird es mit einem süßen Traminer, der mit seiner Würze noch einmal eine eigene Komponente dazu bringt.

Ganz anders hingegen die Pannacotta-Tarte (s. S. 223). Sie ist kein besonders süßes Dessert und braucht deshalb einen nicht allzu süßen Weinbegleiter. Ein restsüßer Schaumwein bringt hier mit Sicherheit etwas Abwechslung, etwa ein Asti Spumante oder ein etwas restsüßer Perlwein. Oder aber ein Gewürztraminer aus dem Elsass mit einer leichten Süße.

Dessert

Warme Schokoküchlein

Käsekuchen

Zwetschgenkuchen

Warme Schokoküchlein

Für 4–5 Küchlein
Butter zum Einfetten
Weizenmehl zum Bestäuben
100 g Butter
100 g Zartbitterschokolade (66 % Kakaoanteil)
3 Eier
120 g Zucker
40 g Weizenmehl

Den Dampfbackofen auf 65 °C Heißluft und 0 % Feuchte vorheizen.

4–5 Souffléformen (∅ 5–6 cm) mit Butter einfetten und mit Mehl bestäuben, das überschüssige Mehl abklopfen. Butter sowie Schokolade in einen Topf geben, im Dampfbackofen ca. 20 Minuten schmelzen und herausnehmen.

Den Dampfbackofen auf 170 °C Heißluft und 30 % Feuchte vorheizen.

Eier und Zucker über einem Wasserbad mit einem Handrührgerät mit Rührhaken schaumig aufschlagen, bis sich das Volumen verdoppelt hat. Die Schokoladen-Buttermasse langsam zugießen und alles gut vermengen.

Das Mehl mit einem Schneebesen unter die Schokoladenmasse heben. Die Masse bis etwa 1 fingerbreit unter den Rand in die vorbereiteten Souffléformen füllen.

Die Schokoküchlein im Dampfbackofen ca. 20–25 Minuten backen. Herausnehmen, stürzen und warm servieren.

Käsekuchen

Für 1 Käsekuchen
Keks-Boden
200 g Butterkekse
100 g zerlassene Butter
Butter zum Einfetten

Belag
600 g Frischkäse
200 g Magerquark
3 EL Speisestärke
180 g Zucker
2 TL Abrieb von 1 unbehandelten Zitrone
1 Päckchen Vanillezucker
150 ml Sahne
1 Ei
2 EL Zitronensaft

Den Backofen auf 180 °C Ober- und Unterhitze vorheizen.

Für den Keks-Boden die Kekse fein zerbröseln, die Butter zugeben und alles gut vermischen. Eine Springform (∅ 26 cm) mit etwas Butter einfetten, Keks-Butter-Mischung auf dem Boden der Backform verteilen und leicht andrücken.

Den Keks-Boden im Backofen auf der mittleren Schiene ca. 8–10 Minuten backen. Herausnehmen und abkühlen lassen.

Für den Belag Frischkäse, Magerquark, Speisestärke und Zucker mit einem Handrührgerät mit Rührhaken cremig aufschlagen. Zitronenabrieb, Vanillezucker, Sahne, Ei sowie Zitronensaft zugeben und alles gut vermischen.

Die Creme auf den vorgebackenen Keks-Boden geben und im Backofen auf der mittleren Schiene ca. 40–45 Minuten backen. Herausnehmen und abkühlen lassen.

Zwetschgenkuchen

Für 1 Backblech

Hefeteig
500 g Weizenmehl
1 Würfel frische Hefe (42 g)
250 ml lauwarme Milch
80 g Zucker
1 Prise Salz
2 Eier
100 g weiche Butter
2 TL Vanillezucker
1 TL Abrieb von 1 unbehandelten Zitrone
Butter zum Einfetten
Weizenmehl zum Bearbeiten

Belag
4 EL Semmelbrösel
2 kg Zwetschgen
½ TL Zimt
6 EL Zucker

Für den Hefeteig das Mehl in eine große Schüssel sieben. Eine Mulde hineindrücken und die Hefe hineinbröckeln. Die restlichen Zutaten zufügen und mit einer Küchenmaschine oder einem Handrührgerät mit Knethaken zu einem glatten Teig verkneten. Die Schüssel mit einem Tuch abdecken und ca. 1 Stunde an einem warmen Ort gehen lassen, bis sich das Teigvolumen sichtbar vergrößert hat.

Den Backofen auf 180 °C Ober- und Unterhitze vorheizen.

Das Backblech mit Butter einfetten. Den Teig auf einer bemehlten Arbeitsfläche mit den Händen noch einmal gut durchkneten, dann auf dem Backblech gleichmäßig ausrollen.

Für den Belag den Teig mit Semmelbröseln bestreuen. Die Zwetschgen waschen, halbieren und den Stein herauslösen. Die halben Früchte mit der runden Seite nach unten dicht nebeneinander auf die Teigfläche setzen. Zimt und Zucker vermischen und über die Zwetschgen streuen.

Den Kuchen im Backofen auf der mittleren Schiene ca. 45 Minuten backen.

Kokosmilchreis mit Tonkabohne und Früchten

Für 4 Personen
120 g Milchreis
½ Tonkabohne
330 ml Kokosmilch
100 ml Milch
60 g Rohrohrzucker
20 g Kokosflocken
160 g gemischte Früchte
(Mango, Brombeeren, Himbeeren, Johannisbeeren)
geröstete Kokos-Chips zum Bestreuen

Den Dampfbackofen auf 100 °C Heißluft und 100 % Feuchte vorheizen.

Den Milchreis in den ungelochten Garbehälter geben. Die Tonkabohne mit einer Muskatreibe fein reiben. Die Kokosmilch mit Milch, geriebener Tonkabohne, Zucker und Kokosflocken verrühren und über den Reis gießen.

Den Milchreis im Dampfbackofen ca. 40 Minuten dämpfen.

Die Früchte entsprechend verlesen, waschen, putzen bzw. schälen, entsteinen und klein schneiden.

Nach Geschmack den Milchreis warm oder kalt mit den Früchten genießen. Vor dem Servieren mit Kokos-Chips bestreuen.

Crème brûlée

Für 6 Personen
200 ml Milch
400 ml Sahne
1 Vanilleschote
50 g Puderzucker
6 Eigelb
6 TL brauner Zucker

Den Dampfbackofen auf 90 °C Heißluft und 100 % Feuchte vorheizen.

Milch und Sahne in einem Topf erwärmen. Die Vanilleschote der Länge nach aufschneiden und das Mark herauskratzen. Das Vanillemark unter die Sahne-Milch-Mischung rühren. Den Puderzucker mit den Eigelben verquirlen und ebenfalls unterrühren. Alles erhitzen, aber nicht kochen!

Die Sahne-Mischung durch ein feines Sieb gießen und in 6 ofenfeste Förmchen füllen. Die Förmchen in den gelochten Garbehälter stellen und mit Frischhaltefolie abdecken, damit kein Wasser in die Crème gelangen kann. Im Dampfbackofen ca. 30–35 Minuten auf Ebene 2 von unten dämpfen. Herausnehmen und abkühlen lassen.

Die abgekühlte Crème brûlée mit jeweils 1 TL braunem Zucker bestreuen und mit einem Bunsenbrenner flambieren, bis die Zuckeroberfläche karamellisiert und schön knusprig ist. Sofort servieren!

Gegrillte Ananas mit Sauerrahmeis

Für 4 Personen

Ananaskaramell
150 g Zucker
150 ml Wasser
50 g kalte Butter
20 ml Rum
100 ml Ananassaft

Ananas
1 Ananas

Sauerrahmeis
150 ml Sahne
80 g Zucker
150 g saure Sahne
150 g griechischer Joghurt
Abrieb und Saft von ½ unbehandelten Limette

Den Backofen auf 200 °C Umluft vorheizen.

Für den Ananaskaramell Zucker und Wasser in einem Topf aufkochen und hellbraun karamellisieren. Vom Herd nehmen, die Butter unterrühren und Rum sowie Ananassaft zugießen. Gut miteinander verrühren.

Die Ananas schälen, auf den Drehspieß stecken und fixieren. Den Grillspieß in die Vorrichtung mit dem Backblech darunter einhängen und darauf achten, dass die Stange zum Drehen des Grillspießes im hinteren Backofen einrastet.

Die Ananas im Backofen ca. 90 Minuten garen, dabei alle 15 Minuten mit dem Ananaskaramell bepinseln. Auf Flächengrill mit Umluft und 200 °C umschalten und nochmals 10 Minuten grillen. Anschließend herausnehmen, vom Spieß lösen und in Scheiben schneiden.

Für das Sauerrahmeis Sahne sowie Zucker in einem Topf erwärmen und so lange rühren, bis sich der Zucker aufgelöst hat. Dann saure Sahne, Joghurt sowie Limettenabrieb und -saft unterrühren. In eine Eismaschine geben und je nach Maschine ca. 40–50 Minuten cremig gefrieren.

Die Ananasscheiben zusammen mit dem Sauerrahmeis servieren.

Pannacotta-Tarte

Für 1 Tarte

Mürbeteig
300 g Weizenmehl
200 g Butter
100 g Zucker
1 Prise Salz
Weizenmehl zum Bearbeiten

Pannacotta
400 ml Sahne
Mark von 2 Vanilleschoten
60 g Zucker
3 Blatt Gelatine

Himbeersauce
150 g gefrorene Himbeeren
30 g Puderzucker

Dekoration
gemischte Beeren
 (Erdbeeren, Johannisbeeren, Blaubeeren, Himbeeren)
1–2 Feigen
2 EL gehackte Pistazien

Für den Mürbeteig alle Zutaten miteinander vermengen, zu einer Kugel formen, in Frischhaltefolie wickeln und für ca. 30 Minuten im Kühlschrank ruhen lassen.

Den Backofen auf 180 °C Ober- und Unterhitze vorheizen.

Den Mürbeteig auf einer leicht bemehlten Arbeitsfläche ausrollen und in eine rechteckige Tarteform geben. Den Boden mit einer Gabel mehrmals einstechen und im Ofen ca. 30 Minuten backen.

Für die Pannacotta die Sahne mit Vanillemark sowie Zucker in einem Topf aufkochen und ca. 4–5 Minuten köcheln. Vom Herd nehmen und leicht abkühlen lassen. Die Gelatine in etwas kaltem Wasser einweichen, gut ausdrücken und in die warme Vanillesahne einrühren. Die Creme in eine Schüssel füllen und kühl stellen, bis sie kurz davor ist zu gelieren. Dann auf dem Tarteboden verteilen und mindestens 2–3 Stunden im Kühlschrank vollständig fest werden lassen.

Den Dampfbackofen in der Auftaufunktion auf 50 °C Heißluft vorheizen.

Für die Himbeersauce die Himbeeren im Dampfbackofen ca. 10 Minuten auftauen lassen. Durch ein Sieb streichen und mit Puderzucker mischen.

Für die Dekoration die Früchte verlesen, putzen, waschen und abtropfen lassen. Die Tarte aus dem Kühlschrank nehmen, Himbeersauce und Früchte darauf verteilen und mit den Pistazien garnieren.

Apfelrose im Blätterteig

Für 4 Personen
2 mittelgroße Äpfel
200 ml Zitronensaft
1 Packung gefrorener Blätterteig (270 g)
Zimtzucker zum Bestreuen
Butter zum Einfetten

Den Backofen auf 180 °C Ober- und Unterhitze vorheizen.

Die Äpfel waschen, trocken tupfen, in Viertel schneiden, das Kerngehäuse entfernen und die Äpfel mit Schale in dünne Scheiben hobeln. Die Apfelscheiben in Zitronensaft einlegen, damit sie nicht braun werden.

Die Blätterteigplatten auftauen lassen, auslegen und in ca. 6 cm breite Streifen schneiden. Die Blätterteigstreifen so mit den Apfelscheiben belegen, dass unten noch ein feiner Streifen Teig frei ist. Die Scheiben sollten oben leicht überlappen. Mit Zimtzucker bestreuen, den Teig unten einklappen und die Teigstreifen aufrollen.

Die Apfelrosen in eine gut gefettete Muffinform setzen und im Backofen ca. 30 Minuten backen. Herausnehmen und auf Kuchengittern auskühlen lassen.

DESSERT 225

Hefezopf

Für 2 Hefezöpfe

250 ml Milch
30 g frische Hefe
100 g weiche Butter
80 g Zucker
500 g Weizenmehl
Abrieb von 1 unbehandelten Zitrone
2 Prisen Salz
Weizenmehl zum Bearbeiten
1 Ei
1 EL Sahne

Den Dampfbackofen in der Gärfunktion auf 38 °C Heißluft vorheizen.

Die Milch in einem Topf leicht erwärmen, die Hefe hineinbröckeln und darin auflösen. Butter, Zucker, Mehl, Zitronenabrieb und Salz in eine Schüssel geben und die Milch-Hefe-Mischung zugießen. Den Teig mit einer Küchenmaschine oder einem Handrührgerät mit Knethaken ca. 10 Minuten kneten, bis er sich von der Schüssel löst.

Den Teig mit etwas Mehl bestäuben und im Dampfbackofen ca. 30 Minuten gehen lassen, bis sich sein Volumen sichtbar vergrößert hat.

Den Teig auf einer leicht bemehlten Arbeitsfläche nochmals durchkneten und in zwei Teile teilen. Jeweils einen Teig zu 3 Teigsträngen ausrollen und miteinander verschlingen (flechten). Die Zöpfe in den ungelochten, mit Backpapier ausgelegten Garbehälter legen und nochmals ca. 15 Minuten im Dampfbackofen gehen lassen.

Die Hefezöpfe herausnehmen und den Dampfbackofen auf 160 °C Heißluft und 60 % Feuchte vorheizen.

Das Ei mit der Sahne verrühren, die Zöpfe damit bestreichen und im Dampfbackofen ca. 25–35 Minuten backen. Herausnehmen, auskühlen lassen und genießen.

Tipp: Falls die Zöpfe zu dunkel werden, einfach mit einem Bogen Backpapier abdecken.

Zitronen-Biskuitrolle

Für 14 Stücke
Standzeit: ca. 2 Stunden

Biskuit
3 Eier
175 g Zucker
1 Prise Salz
75 g Weizenmehl
1 TL Backpulver
25 g Speisestärke
Butter zum Einfetten
Zucker zum Bestreuen

Zitronencreme
4 Blatt Gelatine
2 unbehandelte Zitronen
500 g Mascarpone
1 Päckchen Vanillezucker
250 ml Sahne
Puderzucker zum Bestäuben

Den Backofen auf 175 °C Heißluft vorheizen.

Für den Biskuit die Eier mit 75 g Zucker und Salz mit einem Handrührgerät mit Rührhaken oder in der Küchenmaschine mindestens 8 Minuten cremig aufschlagen. Mehl, Backpulver und Stärke mischen, portionsweise auf die Eimasse sieben und vorsichtig unterheben. Die Masse in die mit Butter eingefettete Glaswanne oder ein eingefettetes Backblech geben, glatt streichen und im Backofen ca. 8–12 Minuten hellgelb backen.

Den fertigen Biskuit auf ein mit Zucker bestreutes Geschirrtuch stürzen. Mit dem Tuch von der kurzen Seite her sofort eng aufrollen und auskühlen lassen.

Für die Creme die Gelatine in kaltem Wasser einweichen. Die Zitronen gründlich mit heißem Wasser abwaschen, trocknen und die Schale fein abreiben. Die Zitronen halbieren und den Saft auspressen. Mascarpone, Zitronenschale und -saft, den restlichen Zucker und Vanillezucker verrühren. Gelatine ausdrücken, in 2 EL erwärmter Mascarponemasse auflösen und anschließend in die restliche Masse rühren. Ca. 5–10 Minuten kalt stellen, bis die Masse zu gelieren beginnt.

Die Sahne steif schlagen und unter die gelierende Mascarponemasse heben. Die Biskuitplatte vorsichtig entrollen. Mascarponecreme gleichmäßig darauf verteilen, dabei auf allen Seiten einen ca. 2 cm breiten Rand frei lassen. Die Creme auf der Biskuitplatte nochmals ca. 5 Minuten anziehen lassen, dann von der kurzen Seite aus aufrollen.

Die Biskuitrolle ca. 2 Stunden kalt stellen. Vor dem Servieren mit Puderzucker bestäuben, in Stücke schneiden und anrichten.

Topfenknödel mit Aprikosen-Marzipan-Füllung

Für 4 Personen

1 unbehandelte Zitrone
350 g Speisequark (20 % Fett)
250 g Sauerrahm
1 Ei
100 g Weizenmehl
100 g Weichweizengrieß
100 g Puderzucker
1 Päckchen Vanillezucker
210 g Toastbrotbrösel ohne Rinde
8 Aprikosen
40 g Marzipanrohmasse
Butter zum Einfetten
100 g Butter
100 g Semmelbrösel
Puderzucker zum Bestäuben

Die Zitrone heiß abwaschen und die Hälfte der Schale abreiben. Quark und Sauerrahm zusammen mit dem Ei in eine Schüssel geben und verrühren. Mehl, Grieß, Puder- und Vanillezucker sowie Zitronenschale und Toastbrot-Brösel unterrühren. Alles zu einem glatten Teig verarbeiten und ca. 30 Minuten abgedeckt ruhen lassen.

Den Dampfbackofen auf 100 °C Heißluft und 100 % Feuchte vorheizen.

Die Aprikosen waschen, trocknen, bis zur Hälfte einschneiden und die Steine entfernen. Das Marzipan in 8 Stücke schneiden, jeweils ein Stück Marzipan in eine ausgehöhlte Aprikose geben und wieder zuklappen. Den Teig in 8 Portionen teilen. Die Aprikosen mit dem Teig umhüllen, zu Knödeln formen und in den mit Butter eingefetteten, ungelochten Garbehälter legen. Die Knödel im Dampfbackofen ca. 20 Minuten dämpfen.

Die Butter in einer Pfanne schmelzen, die Semmelbrösel zugeben und goldbraun werden lassen. Die Topfenknödel darin wälzen und mit Puderzucker bestäuben. Sofort servieren.

Haselnussbuchteln mit Vanillesauce

Für 6–8 Personen

Buchteln
35 g frische Hefe
250 ml lauwarme Milch
200 g weiche Butter
730 g Weizenmehl
3 Eier
100 g Zucker
1 TL Salz
125 g gehackte Haselnüsse
Butter zum Einfetten
Weizenmehl zum Bearbeiten

Vanillesauce
4 Eier
1 Vanilleschote
400 ml Milch
2–3 EL Zucker

Den Dampfbackofen in der Gärfunktion auf 38 °C Heißluft vorheizen.

Für die Buchteln die Hefe in der Milch auflösen. Aus 150 g Butter, Mehl, Hefe-Milch, Eiern, Zucker und Salz mithilfe einer Küchenmaschine oder eines Handrührgeräts mit Knethaken einen geschmeidigen Teig kneten. Im Dampfbackofen ca. 20 Minuten gehen lassen, bis sich das Volumen des Teiges deutlich vergrößert hat.

Eine Auflaufform (20 × 30 cm) mit Butter einfetten. Den Teig auf einer leicht bemehlten Arbeitsfläche mit den Händen nochmals kneten und die Haselnüsse untermengen. Aus dem Teig Kugeln von ca. 3 cm Durchmesser formen. Die Kugeln nebeneinander in die Auflaufform legen, sodass sie sich leicht berühren. Die Zwischenräume und Ränder mit Flocken aus der restlichen Butter belegen. Die Buchteln nochmals ca. 30 Minuten im Dampfbackofen gehen lassen.

Den Dampfbackofen auf 180 °C Heißluft und 30 % Feuchte vorheizen.

Die Buchteln auf mittlerer Schiene ca. 25 Minuten backen. Sie sind fertig, wenn sie oben leicht gebräunt sind.

Für die Vanillesauce die Eier trennen. Das Eiweiß für ein anderes Rezept verwenden. Die Vanilleschote längs halbieren und das Mark mit einem Messerrücken herauskratzen. Milch mit Zucker, Vanillemark und -schote in einem Topf aufkochen. Die Eigelbe nacheinander mit einem Schneebesen in die heiße Milch einrühren, vom Herd nehmen und kräftig aufschlagen. Nach Bedarf die Vanillesauce durch ein Sieb streichen. Etwas abkühlen oder ganz erkalten lassen, dabei ab und zu umrühren, damit sich keine Haut bildet.

Die Haselnussbuchteln mit der Vanillesauce servieren.

Germknödel

Für 8 Personen

Hefeteig
475 g Weizenmehl
25 g frische Hefe
50 g Zucker
½ TL Salz
1 Ei
40 g weiche Butter
250 ml lauwarmes Wasser

Außerdem
Weizenmehl zum Bearbeiten
130 g Pflaumenmus
Butter zum Einfetten
50 g gemahlener Mohn
25 g Puderzucker
150 g flüssige Butter

Den Dampfbackofen in der Gärfunktion auf 38 °C vorheizen.

Für den Hefeteig aus den angegebenen Zutaten mithilfe einer Küchenmaschine oder eines Handrührgeräts mit Knethaken einen geschmeidigen Teig kneten. Diesen im Dampfbackofen 20–30 Minuten gehen lassen, bis sich sein Volumen deutlich vergrößert hat.

Den Teig auf einer mit Mehl bestäubten Arbeitsfläche nochmals durchkneten und in 8 gleich große Portionen teilen. Jede Portion leicht flach ausrollen. Je 1–2 TL Pflaumenmus in die Mitte setzen, den Teig darüber zusammendrücken und zu Knödeln formen. Den ungelochten Garbehälter mit Butter einfetten, die Knödel einsetzen und im Dampfbackofen nochmals 20 Minuten gehen lassen.

Den Dampfbackofen auf 100 °C Heißluft und 100 % Feuchte vorheizen.

Die Germknödel im Dampfbackofen ca. 25–30 Minuten garen. Mohn und Puderzucker miteinander mischen. Die Germknödel herausnehmen, Mohnzucker und flüssige Butter darüber verteilen und sofort warm genießen.

DESSERT 233

Karamellisierter Kaiserschmarrn mit Apfelkompott

Für 4 Personen

250 g Speisequark (40 % Fett)
180 g Zucker
25 g Speisestärke
2 TL Zitronensaft
2 Eier
6 Eiweiß
Butter zum Einfetten
1 EL Butter
1–2 EL Rum

Den Dampfbackofen auf 150 °C Heißluft und 30 % Feuchte vorheizen.

Den Quark mit 75 g Zucker, Speisestärke, Zitronensaft und Eiern verrühren. 75 g Zucker mit den Eiweißen cremig aufschlagen und unter die Quarkmasse heben. Den ungelochten Garbehälter mit Butter einfetten, die Masse einfüllen und im Dampfbackofen ca. 20 Minuten fest werden lassen.

Die Butter auf dem Teppanyaki-Grill erhitzen, den Kaiserschmarrn auf die heiße Platte geben und in Stücke teilen. Den restlichen Zucker darüberstreuen, karamellisieren lassen und mit dem Rum ablöschen.

Den Kaiserschmarrn auf Teller verteilen und mit Apfelkompott (s. S. 241) servieren.

Tipp: Der Kaiserschmarrn kann auch ohne Teppanyaki-Grill in einer Pfanne zubereitet werden.

8 Ein

machen

237

Eingeweckte Weißwein-Zimtbirnen

Himbeer-Vanille-Marmelade mit Schuss

Eingeweckte Weißwein-Zimtbirnen

Für 2 Gläser à 300 ml

5 reife Birnen
Saft von 1 Zitrone
100 g Zucker
500 ml trockener Weißwein
200 ml Wasser
2 Zimtstangen
2 Sternanis

Den Dampfbackofen auf 100 °C Heißluft und 100 % Feuchte vorheizen.

Die Gläser spülen und im Dampfbackofen ca. 20–25 Minuten sterilisieren. Anschließend mit einem Geschirrtuch umdrehen und kurz trocknen lassen. Den Dampfbackofen nicht ausschalten.

Birnen waschen, schälen, vierteln und das Kerngehäuse entfernen. Anschließend die Birnenviertel mit Zitronensaft beträufeln, damit sie nicht braun werden. Zucker mit Weißwein, Wasser, Zimtstangen und Sternanis in einem Topf aufkochen und ca. 15 Minuten köcheln lassen.

Die Birnen in die vorbereiteten Gläser verteilen, mit Weißweinsud auffüllen und jeweils 1 Zimtstange sowie 1 Sternanis darauflegen. Die gut verschlossenen Gläser auf den Rost oder in den gelochten Garbehälter stellen, sodass sie sich nicht berühren.

Die Zimtbirnen im Dampfbackofen ca. 40 Minuten einmachen.

Himbeer-Vanille-Marmelade mit Schuss

Für 3 Gläser à 300 ml
Standzeit: ca. 2 Stunden

1 kg Himbeeren
500 g Gelierzucker 2:1
2 EL Zitronensaft
2 EL Himbeergeist
Mark von ½ Vanilleschote

Den Dampfbackofen auf 100 °C Heißluft und 100 % Feuchte vorheizen.

Die Gläser spülen und im Dampfbackofen ca. 20–25 Minuten sterilisieren. Anschließend mit einem Geschirrtuch umdrehen und kurz trocknen lassen. Den Dampfbackofen nicht ausschalten.

Die Beeren verlesen, waschen und abtropfen lassen. Alle Zutaten in ein hohes Gefäß geben, mit einem Stabmixer pürieren und ca. 2 Stunden ziehen lassen.

Mithilfe eines Trichters das Püree in die vorbereiteten Gläser füllen. Die gut verschlossenen Gläser auf den Rost oder in den gelochten Garbehälter stellen, sodass sie sich nicht berühren.

Die Marmelade im Dampfbackofen ca. 1 Stunde einmachen.

Eingemachte Portweinfeigen

Für 2 Gläser à 370 ml
100 g Zucker
400 ml Portwein
Saft und Abrieb von 1 unbehandelten Zitrone
3 Gewürznelken
1 TL Pimentkörner
1 Zimtstange
Mark von ½ Vanilleschote
1 Prise Salz
3 TL schwarze Johannisbeermarmelade
8 frische Feigen

Den Dampfbackofen auf 100 °C Heißluft und 100 % Feuchte vorheizen.

Die Gläser spülen und im Dampfbackofen ca. 20–25 Minuten sterilisieren. Anschließend mit einem Geschirrtuch umdrehen und kurz trocknen lassen. Den Dampfbackofen nicht ausschalten.

Den Zucker in einem Topf bei hoher Temperatur karamellisieren lassen. Sobald er goldbraun ist, mit dem Portwein ablöschen. Zitronensaft und -abrieb, Nelken, Piment, Zimt, Vanillemark und Salz zugeben und ca. 5 Minuten bei mittlerer Temperatur köcheln. Den Sud etwas abkühlen lassen und die Marmelade einrühren.

Die Feigen schälen, am Stiel kreuzweise einschneiden, in die Gläser geben und mit dem Sud auffüllen. Die gut verschlossenen Gläser auf den Rost oder in den gelochten Garbehälter stellen, sodass sie sich nicht berühren.

Die Feigen im Dampfbackofen ca. 40 Minuten einmachen.

Apfelkompott mit Sternanis

Für 2 Gläser à 400 ml
1 kg Äpfel
60 g Zucker
1 EL Zitronensaft
¼ TL Zimt
Wasser, bei Bedarf
2 Sternanis

Den Dampfbackofen auf 100 °C Heißluft und 100 % Feuchte vorheizen.

Die Gläser spülen und im Dampfbackofen ca. 20–25 Minuten sterilisieren. Anschließend mit einem Geschirrtuch umdrehen und kurz trocknen lassen. Den Dampfbackofen nicht ausschalten.

Die Äpfel waschen, schälen, vierteln Kerngehäuse entfernen und das Fruchtfleisch in Würfel schneiden. Die Apfelwürfel in den ungelochten Garbehälter geben, mit Zucker bestreuen und im Dampfbackofen ca. 15 Minuten dämpfen. Herausnehmen und die Temperatur auf 95 °C Heißluft und 100 % Feuchte reduzieren.

Die Äpfel in ein hohes Gefäß geben, Zitronensaft und Zimt zufügen und mit einem Stabmixer pürieren. Bei Bedarf noch etwas Wasser zugießen.

Das Kompott mit jeweils 1 Sternanis in die vorbereiteten Gläser füllen. Die gut verschlossenen Gläser auf den Rost oder in den gelochten Garbehälter stellen, sodass sie sich nicht berühren.

Das Apfelkompott im Dampfbackofen ca. 35 Minuten einmachen.

Naturjoghurt mit Vanille

Für 3 Gläser à 200 ml
1 l H-Milch
150 g nicht wärmebehandelter Naturjoghurt
   (Joghurt und Milch sollten den
   gleichen Fettgehalt haben)
Mark von 1 Vanilleschote

Den Dampfbackofen auf 100 °C Heißluft und 100 % Feuchte vorheizen.

Die Gläser spülen und im Dampfbackofen ca. 20–25 Minuten sterilisieren. Anschließend mit einem Geschirrtuch umdrehen und kurz trocknen lassen.

Die Temperatur des Dampfbackofens auf 45 °C Heißluft und 100 % Feuchte reduzieren.

Milch mit Joghurt und Vanillemark mischen und in die Gläser füllen. Die gut verschlossenen Gläser so auf den Rost oder in den gelochten Garbehälter stellen, dass sie sich nicht berühren.

Den Joghurt im Dampfbackofen ca. 5–6 Stunden fermentieren lassen.

Tipp: Den Joghurt bei Raumtemperatur abkühlen lassen und im Kühlschrank aufbewahren.

Rinderfond/Hühnerbrühe

Für ca. 3 l Brühe

2,5 kg klein gehackte Rinderknochen
800 g Suppengrün (Knollensellerie, Lauch, Karotte)
5 Stängel Petersilie
4 Zwiebeln
2 Lorbeerblätter
1 TL schwarze Pfefferkörner
2 Nelken
8 Wacholderbeeren
1 TL Senfkörner
Salz

Den Dampfbackofen auf 100 °C Heißluft und 100 % Feuchte vorheizen.

Eine ausreichende Anzahl an Gläsern spülen und im Dampfbackofen ca. 20–25 Minuten sterilisieren. Anschließend mit einem Geschirrtuch umdrehen und kurz trocknen lassen.

Die Knochen in genügend Wasser ca. 5 Minuten abkochen, herausnehmen und abwaschen. So werden alle Eiweißteilchen entfernt, die die Brühe trüb machen könnten.

Das Suppengrün putzen, waschen, ggf. schälen und in Würfel schneiden. Petersilie waschen, trocken schütteln und die Blätter abzupfen. Zwiebeln schälen, halbieren und die Schnittflächen in einer Pfanne ohne Zugabe von Fett rösten. Auf diese Weise erhält die Brühe eine schöne dunkle Farbe.

Die Knochen in einem Topf mit so viel kaltem Wasser auffüllen, bis sie vollkommen bedeckt sind. Gemüse, Zwiebeln, Petersilie und Gewürze mit 1 kräftigen Prise Salz zugeben. Alles langsam erhitzen und bei mittlerer Temperatur mindestens 2 Stunden köcheln lassen. Wenn sich an der Oberfläche Schaum bildet, diesen nicht gleich abschöpfen. Der Schaum besteht aus Eiweiß, das die Trübstoffe bindet. Nach ca. 1,5 Stunden kann die Brühe abgeschäumt werden.

Den Dampfbackofen auf 100 °C Heißluft und 100 % Feuchte vorheizen.

Die Brühe nach dem Kochen durch ein feines Sieb oder ein Tuch gießen und in die vorbereiteten Gläser füllen. Die gut verschlossenen Gläser so auf den Rost oder in den gelochten Garbehälter stellen, dass sie sich nicht berühren.

Die Brühe im Dampfbackofen ca. 30 Minuten einmachen.

Tipp: Für Hühnerbrühe einfach die Rinderknochen durch 1 Suppenhuhn ersetzen.

Eingelegte Senfgurken

Balsamico-Rotweinzwiebeln

Italienisches Gemüse im Glas

Eingelegte Kräuterseitlinge in Aromaöl

Eingelegter Kürbis süß-sauer

Eingelegte Senfgurken

Für 2 Gläser à 400 ml
- 600 g kleine Gurken (Gartengurken)
- 1 rote Zwiebel
- 1 EL Salz
- 50 g Zucker
- 250 ml Wasser
- 150 ml Weißweinessig
- 3 Lorbeerblätter
- 3 TL gelbe Senfkörner
- 6 Wacholderbeeren
- 1 TL Piment
- 1 TL Pfefferkörner
- 3 Stängel gehackter Dill

Den Dampfbackofen auf 100 °C Heißluft und 100 % Feuchte vorheizen.

Die Gläser spülen und im Dampfbackofen ca. 20–25 Minuten sterilisieren. Anschließend mit einem Geschirrtuch umdrehen und kurz trocknen lassen. Den Dampfbackofen nicht ausschalten.

Die Gurken waschen und trocknen. Die Zwiebel schälen, halbieren und in feine Ringe schneiden. In einem Topf Salz, Zucker, Wasser, Essig und Zwiebelringe aufkochen. In jedes Glas 1 Lorbeerblatt, Gewürze und Dill geben. Die Gurken auf die Gläser verteilen und mit dem Essigsud auffüllen. Die gut verschlossenen Gläser auf den Rost oder in den gelochten Garbehälter stellen, sodass sie sich nicht berühren.

Die Senfgurken im Dampfbackofen ca. 30 Minuten einmachen.

Balsamico-Rotweinzwiebeln

Für 3 Gläser à 250 ml
- 4 Zweige Rosmarin
- 80 g Zucker
- 450 ml kräftiger Rotwein
- 100 ml Portwein
- 200 ml dunkler Balsamico
- 4 Lorbeerblätter
- 600 g geschälte Perlzwiebeln

Den Dampfbackofen auf 100 °C Heißluft und 100 % Feuchte vorheizen.

Die Gläser spülen und im Dampfbackofen ca. 20–25 Minuten sterilisieren. Anschließend mit einem Geschirrtuch umdrehen und kurz trocknen lassen. Den Dampfbackofen nicht ausschalten.

Den Rosmarin waschen und trocken schütteln. Den Zucker in einem Topf bei hoher Temperatur karamellisieren lassen und mit Rotwein, Portwein und Balsamico ablöschen. Lorbeer sowie Rosmarinzweige zugeben und ca. 25 Minuten köcheln, bis die Flüssigkeit etwas eingekocht ist.

Die Perlzwiebeln auf die Gläser verteilen und mit dem gekochten Balsamico-Rotwein auffüllen. Die gut verschlossenen Gläser so auf den Rost oder in den gelochten Garbehälter stellen, dass sie sich nicht berühren.

Die Rotweinzwiebeln im Dampfbackofen ca. 2 Stunden einmachen.

Italienisches Gemüse im Glas

Für 2 Gläser à 500 ml
- 2 Auberginen
- 2 Zucchini
- 2 gelbe Paprikaschoten
- 10 Kirschtomaten
- 5 kleine rote Chilischoten
- 2 Zweige Rosmarin
- 2 Zweige Thymian
- 500 ml Olivenöl
- Salz, Pfeffer
- 3 Lorbeerblätter
- 2 EL bunte Pfefferkörner
- 4 geschälte, angedrückte Knoblauchzehen

Den Dampfbackofen auf 100 °C Heißluft und 100 % Feuchte vorheizen.

Die Gläser spülen und im Dampfbackofen ca. 20–25 Minuten sterilisieren. Anschließend mit einem Geschirrtuch umdrehen und kurz trocknen lassen. Den Dampfbackofen nicht ausschalten.

Die Auberginen und die Zucchini waschen, trocken reiben, die Enden entfernen und das Gemüse in Scheiben schneiden. Paprika waschen, Kerne sowie weiße Innenhäute entfernen und die Schote in grobe Stücke schneiden. Kirschtomaten und Chilischoten waschen. Die Kräuter waschen und trocken schütteln.

3 EL Öl in einer großen Grillpfanne erhitzen, das Gemüse, bis auf die Tomaten, bei hoher Temperatur kurz darin anbraten, mit Salz sowie Pfeffer würzen und anschließend in die Gläser füllen. Kirschtomaten und Chilischoten zugeben.

Lorbeerblätter, Pfefferkörner, Knoblauch, Rosmarin sowie Thymian mit dem restlichen Olivenöl in einem Topf erhitzen und in die Gläser füllen. Die gut verschlossenen Gläser so auf den Rost oder in den gelochten Garbehälter stellen, dass sie sich nicht berühren.

Das Gemüse im Dampfbackofen ca. 35 Minuten einmachen.

Eingelegte Kräuterseitlinge in Aromaöl

Für 2 Gläser à 500 ml
- 500 g Kräuterseitlinge
- 2 Zweige Rosmarin
- 5 Knoblauchzehen
- 500 ml Olivenöl
- 1 TL Salz
- 1 TL schwarze Pfefferkörner
- 1 TL Wacholderbeeren
- 2 Lorbeerblätter

Den Dampfbackofen auf 100 °C Heißluft und 100 % Feuchte vorheizen.

Die Gläser spülen und im Dampfbackofen ca. 20–25 Minuten sterilisieren. Anschließend mit einem Geschirrtuch umdrehen und kurz trocknen lassen. Den Dampfbackofen nicht ausschalten.

Die Kräuterseitlinge mit einem Pinsel putzen und vierteln. Die Rosmarinzweige waschen und trocken schütteln. Knoblauchzehen schälen und andrücken. Das Olivenöl in einem Topf erhitzen, Salz, Rosmarinzweige und Gewürze zugeben, gut umrühren und etwas abkühlen lassen.

Die Pilze auf die Gläser verteilen und mit dem Aromaöl auffüllen. Die gut verschlossenen Gläser so auf den Rost oder in den gelochten Garbehälter stellen, dass sie sich nicht berühren.

Die Pilze im Dampfbackofen ca. 45 Minuten einmachen.

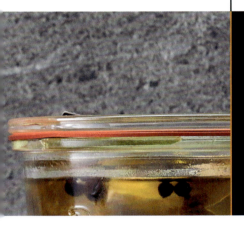

Eingelegter Kürbis süß-sauer

Den Dampfbackofen auf 100 °C Heißluft und 100 % Feuchte vorheizen.

Die Gläser spülen und im Dampfbackofen ca. 20–25 Minuten sterilisieren. Anschließend mit einem Geschirrtuch umdrehen und kurz trocknen lassen. Den Dampfbackofen nicht ausschalten.

Den Kürbis waschen, schälen und die Kerne entfernen. Das Fruchtfleisch in ca. 1,5 × 1,5 cm große Würfel schneiden. Essig mit Wasser, Zucker, Salz und Kurkuma in einem Topf aufkochen.

Die Kürbiswürfel in die vorbereiteten Gläser geben und den Essigsud sowie die restlichen Gewürze darauf verteilen. Die gut verschlossenen Gläser so auf den Rost oder in den gelochten Garbehälter stellen, dass sie sich nicht berühren.

Den Kürbis im Dampfbackofen ca. 30 Minuten einmachen.

Für 2 Gläser à 800 ml
- 1 Hokkaido-Kürbis (ca. 2 kg)
- 1 l Weißweinessig
- 1 l Wasser
- 400 g Zucker
- 3 EL Salz
- 1 TL Kurkumapulver
- 8 Gewürznelken
- 4 Lorbeerblätter
- 1 TL Wacholderbeeren

Gartabellen

Gemüse

Lebensmittel	Garbehälter	Temperatur	Feuchte	Garzeit in Min.	Bemerkungen
Artischocken, groß	gelocht	100 °C	100 %	35–40	
Artischocken, klein	gelocht	100 °C	100 %	25–30	
Blumenkohl, ganz	gelocht	100 °C	100 %	25–30	
Blumenkohl, in Röschen	gelocht	100 °C	100 %	20–25	
Bohnen, grün	gelocht	100 °C	100 %	25–30	
Brokkoli, in Röschen	gelocht	90–100 °C	100 %	20–25	Rezepttip: mit in Butter gerösteten Mandeln servieren.
Fenchel, in Scheiben	gelocht	100 °C	100 %	20–25	
Gemüseterrine	gelocht/Rost	90 °C	100 %	50–60	in Terrinenform
Erbsen, tiefgekühlt (3 kg)	gelocht	100 °C	100 %	30–35	
Karotten, in Scheiben 0,5 cm	gelocht	100 °C	100 %	20–25	
Kartoffeln, geschält und geviertelt	gelocht	100 °C	100 %	30–35	
Kohlrabi, in Scheiben	gelocht	100 °C	100 %	25–30	
Lauch, in Scheiben	gelocht	100 °C	100 %	15–20	
Paprika, gefüllt	ungelocht	180–200 °C	80–100 %	20–25	Vorheizen nötig. Bei Fleischfüllung die Füllung vorher anbraten.
Pellkartoffeln (50 g)	gelocht	100 °C	100 %	30–35	
Pellkartoffeln (100 g)	gelocht	100 °C	100 %	35–40	
Rosenkohl	gelocht	100 °C	100 %	25–30	
Spargel, grün	gelocht	100 °C	100 %	15–20	
Spargel, weiß	gelocht	100 °C	100 %	15–30	
Spinat	gelocht	100 °C	100 %	8–12	Anschließend im Topf mit Zwiebeln und Knoblauch andünsten.
Tomaten häuten	gelocht	100 °C	100 %	3–4	Vorheizen nötig. Tomaten einschneiden, nach dem Dämpfen mit Eiswasser abschrecken.
Zuckerschoten	gelocht	100 °C	100 %	10–15	

Fisch

Lebensmittel	Garbehälter	Temperatur	Feuchte	Garzeit in Min.	Bemerkungen
Dorade, im Ganzen (500 g)	gelocht	100 °C	100 %	20–30	Kann in Schwimmposition gegart werden, wenn man ihn auf eine halbe Kartoffel setzt.
Fischklößchen (20–40 g)	ungelocht	90–100 °C	100 %	8–12	Ungelochten Garbehälter mit Backpapier auslegen.
Hummer, gekocht, ausgelöst, regenerieren	gelocht	70–80 °C	100 %	10–15	
Karpfen, blau, im Ganzen (1,5 kg)	gelocht	90–100 °C	100 %	35–45	
Lachsfilet (150 g)	gelocht	80 °C	100 %	20–25	
Lachs, im Ganzen (2,5 kg)	gelocht	100 °C	100 %	65–75	
Miesmuscheln (1,5 kg)	gelocht	100 °C	100 %	12–15	Die Miesmuscheln sind gar, sobald sich die Schalen geöffnet haben.
Seelachs, im Ganzen (800 g)	gelocht	90–100 °C	100 %	20–25	
Seeteufelfilet (300 g)	Glasform, Rost	180–200 °C	100 %	8–10	Vorheizen nötig
Wolfsbarsch, im Ganzen (400 g)	gelocht	90–100 °C	100 %	20–25	

Fisch – Niedertemperatur Dämpfen

Lebensmittel	Garbehälter	Temperatur	Feuchte	Garzeit in Min.	Bemerkungen
Austern (10 Stück)	ungelocht	80–90 °C	100 %	7–10	
Buntbarsch (Tilapia) (150 g)	gelocht	80–90 °C	100 %	15–17	
Dorade (200 g)	gelocht	80–90 °C	100 %	17–20	
Fischfilet (200–300 g)	gelocht	80–90 °C	100 %	17–20	
Fischterrine	Rost	80–90 °C	100 %	50–90	in Terrinenform
Forelle, im Ganzen (250 g)	gelocht	80–90 °C	100 %	17–20	
Heilbutt (300 g)	gelocht	80–90 °C	100 %	17–20	
Jakobsmuscheln (15–30 g)	ungelocht	80–90 °C	100 %	9–13	Je schwerer die Muschel, desto länger die Garzeit wählen.
Kabeljau (250 g)	gelocht	80–90 °C	100 %	15–17	
Red Snapper (200 g)	gelocht	80–90 °C	100 %	17–20	
Rotbarsch (120 g)	gelocht	80–90 °C	100 %	15–17	
Seeteufel (200 g)	gelocht	80–90 °C	100 %	15–17	
Seezungenröllchen, gefüllt (150 g)	gelocht	80–90 °C	100 %	17–20	
Steinbutt (300 g)	gelocht	80–90 °C	100 %	17–20	
Wolfsbarsch (150 g)	gelocht	80–90 °C	100 %	15–17	
Zander (250 g)	gelocht	80–90 °C	100 %	17–20	

Beilagen

Lebensmittel	Garbehälter	Temperatur	Feuchte	Garzeit in Min.	Bemerkungen
Basmati Reis (250 g + 500 ml Wasser)	ungelocht	100 °C	100 %	20–25	
Couscous (250 g + 250 ml Wasser)	ungelocht	100 °C	100 %	10–15	
Klöße (90 g)	gelocht / ungelocht	95–100 °C	100 %	25–30	
Langkornreis (250 g + 500 ml Wasser)	ungelocht	100 °C	100 %	25–30	
Naturreis (250 g + 375 ml Wasser)	ungelocht	100 °C	100 %	30–35	
Tellerlinsen (250 g + 500 ml Wasser)	ungelocht	100 °C	100 %	30–35	
Weiße Bohnen, vorgeweicht (250 g + 1 l Wasser)	ungelocht	100 °C	100 %	55–65	

Fleisch/Geflügel – Niedertemperatur Garen

Lebensmittel	Garbehälter	Temperatur	Heizart	Garzeit in Min.	Bemerkungen
Entenbrust, rosa (350 g)	ungelocht	70–80 °C	Niedertemperatur-Garen	40–60	Hautseite kann nach dem Garen noch kurz in der Pfanne knusprig gebraten werden, oder Grill+Umluft / 230 °C / 5 Min.
Entrecôte, rosa (350 g)	ungelocht	70–80 °C	Niedertemperatur-Garen	40–70	
Lammkeule, ohne Knochen, gebunden, rosa (1,5 kg)	ungelocht	70–80 °C	Niedertemperatur-Garen	180–240	Vor dem Garen in Öl in Knoblauch und Kräutern wenden.
Rindersteaks, rosa (200 g)	ungelocht	70–80 °C	Niedertemperatur-Garen	30–60	
Roastbeef, rosa (1–1,5 kg)	ungelocht	70–80 °C	Niedertemperatur-Garen	150–210	In Scheiben schneiden und mit Béchamelsauce servieren.
Schweinemedaillons, durchgegart (70 g)	ungelocht	80 °C	Niedertemperatur-Garen	50–70	

Fleisch

Lebensmittel	Garbehälter	Temperatur	Feuchte	Garzeit in Min.	Bemerkungen
Entrecôte, angebraten, rosa (350 g)	ungelocht	170–180 °C	30 %	10–20	
Filet, angebraten, rosa, im Blätterteig (600 g)	ungelocht	180–200 °C	80 %	30–45	Garbehälter mit Backpapier auslegen.
Kalbsrücken, angebraten, rosa (1 kg)	ungelocht	160–180 °C	30/60 %	20–30	Bei Zugabe von Flüssigkeit in den ungelochten Garbehälter sind 30 % Feuchte ausreichend.
Kasseler, gegart, in Scheiben	ungelocht	100 °C	100 %	15–20	
Krustenbraten (Schweinebraten mit Schwarte), durchgegart (1,5 kg)	Rost 1| 2| 3|	100 °C 165 °C 200 °C	100 % 0 % Grill niv2+Feuchte	30 30–60 20	Die Kruste vor dem Garen kreuzweise einschneiden. Kerntemperaturfühler nutzen: Im zweiten Garschritt bis zu einer Kerntemperatur von ca. 65–70 °C garen, im dritten Schritt bis zu einer Kerntemperatur vor 75–80 °C garen.
Lammrücken, angebraten, rosa (150 g)	ungelocht	160–170 °C	0/30 %	12–15	
Lammkeule, angebraten, rosa (1,5 kg)	ungelocht	170–180 °C	30/60 %	60–80	
Rehrücken, angebraten, rosa (500 g)	ungelocht	160–170 °C	0/30 %	12–18	
Rinderbraten, durchgegart (1,5 kg)	Rost 1| 2|	230 °C 160 °C	100 % 60 %	15 60–90	Bei Zugabe von Flüssigkeit in den ungelochten Garbehälter sind 30 % Feuchte ausreichend.
Roastbeef, angebraten, rosa (1 kg)	ungelocht	170–180 °C	30 %	50–60	
Schweinebraten (Hals oder Schulter), durchgegart (1–1,5 kg)	Rost 1| 2|	200–220 °C 160–180 °C	100 % 60 %	15 40–60	Bei Zugabe von Flüssigkeit in den ungelochten Garbehälter sind 30 % Feuchte ausreichend.
Wurst, gebrüht, erwärmen	ungelocht	85–90 °C	100 %	10–20	z. B. Lyoner, Weisswurst.

Geflügel

Lebensmittel	Garbehälter	Temperatur	Feuchte	Garzeit in Min.	Bemerkungen
Ente, ganz (3 kg)	ungelocht 1| 2|	150–160 °C 220 °C	60 % 0 %	80–90 20–30"	Mit der Brust nach unten garen. Nach der Hälfte der Garzeit die Ente herumdrehen. So trocknet das empfindliche Brustfleisch nicht so stark aus.
Entenbrust, angebraten, rosa (350 g)	ungelocht	160 °C	0 %	25–30	
Hähnchen, ganz (1,5 kg)	Rost 1| 2|	170–180 °C 190 °C	60 % Grill+Umluft	55–65 15	Mit zusammengebundenen Schenkeln und der Brust nach oben garen.
Hähnchenbrust, gefüllt, gedämpft (200 g)	gelocht	100 °C	100 %	25–30	Vorheizen nicht nötig. Rezepttipp: mit Spinat und Schafkäse füllen.
Putenbrustfilet, gedämpft (300 g)	gelocht	100 °C	100 %	17–25	Vorheizen nicht nötig
Stubenküken, Wachtel, gedämpft (150–200 g)	gelocht	100 °C	100 %	20–25	Vorheizen nicht nötig
Stubenküken, Wachtel (150–200 g)	ungelocht	180–200 °C	60/80 %	15–20	Rezepttipp: mit Öl und Kräuter der Provence einstreichen.
Taube, gedämpft (300 g)	gelocht	100 °C	100 %	25–35	Vorheizen nicht nötig
Taube (300 g)	ungelocht	180–200 °C	60/80 %	25–30	

Gären

Lebensmittel	Garbehälter	Temperatur	Heizart	Garzeit in Min.	Bemerkungen
Teigansatz – Pizza	Schüssel/Rost	38 °C	Gären	25	z. B. Hefeteig, Backferment, Sauerteig
Teigansatz – Brot	Schüssel/Rost	45 °C	Gären	40	
Teigansatz – Brioche	Schüssel/Rost	45 °C	Gären	55	

Grillen

Lebensmittel	Garbehälter Ebene	Temperatur	Heizart	Garzeit in Min.	Bemerkungen
Baiserhaube (auf Kuchen, Dessert)	Rost 2	230 °C	Grill+Umluft	3–8	
Belegter Toast	Rost + ungelocht 2	200 °C	Grill+Umluft	12–15	
Forelle (ganz)	Rost + ungelocht 3	230 °C	Grill+Umluft	12–15 pro Seite	Rezepttipp: Mit Zitronenscheiben und Petersilie füllen.
Gegrilltes Gemüse (700 g)	ungelocht 3	230 °C	Grill+Umluft	20–25	z. B. Zucchini, Auberginen
Gemüseauflauf	ungelocht 2	190 °C	Grill Stufe 1 + Dampf	30–35	z. B. mit Brokkoli und Blumenkohl
Gemüsespieße	Rost + ungelocht 3	230 °C	Grill+Umluft	15 pro Seite	Garzeit ist abhängig von den Gemüsesorten.
Hähnchenschenkel (350 g)	Rost + ungelocht 2	180–200 °C	Grill Stufe 2 + Dampf	35–40	
Hamburger (125 g)	Rost + ungelocht 2	230 °C	Grill+Umluft	12–15 pro Seite	ohne Vorheizen
Kartoffelgratin (1 kg Kartoffeln)	Rost / ungelocht 2	180 °C	Grill Stufe 1 + Dampf	45–65	
Toast	Rost 2	230 °C	Grill+Umluft	8–9	ohne Vorheizen
Überbackene Zucchini, gefüllt, längs halbiert	ungelocht 2	180 °C	Grill Stufe 2 + Dampf	30–40	

Desserts

Lebensmittel	Garbehälter	Temperatur	Feuchte	Garzeit in Min.	Bemerkungen
Crème brûlée (130 g)	gelocht	90 °C	100 %	45–50	
Dampfnudeln / Germknödel (100 g)	ungelocht	100 °C	100 %	20–30	Dampfnudeln vor dem Dämpfen 30 Min. gehen lassen (siehe Kapitel Gären).
Flan-Crème caramel (130 g)	gelocht	90 °C	100 %	35–40	
Kompott	ungelocht	100 °C	100 %	20–25	z. B. Apfel, Birnen, Rhabarber. Nach Belieben Zucker, Vanillinzucker, Zimt oder Zitronensaft hinzufügen.
Milchreis (200 g Reis / 800 ml Milch)"	ungelocht	100 °C	100 %	55–60	10 Min. kühlen lassen und mischen. Nach Belieben Früchte, Zucker oder Zimt hinzufügen.
Süßer Auflauf	ungelocht	180–200 °C	0–60 %	20–40	mit Vorheizen z. B. Grieß, Quark oder vorgekochter Milchreis

Einkochen

Lebensmittel	Garbehälter	Temperatur	Feuchte	Garzeit in Min.	Bemerkungen
Obst, Gemüse (in geschlossenen Einmachgläsern 0,75 l)	gelocht	100 °C	100 %	35–40	
Bohnen, Erbsen (in geschlossenen Einmachgläsern 0,75 l)	gelocht	100 °C	100 %	120	

Gebäck

Lebensmittel	Garbehälter	Temperatur	Feuchte	Garzeit in Min.	Bemerkungen
Apfelkuchen	Springform 20 cm, Rost	160 °C	0 %	110	Vorheizen nötig
Bagels	ungelocht	190–210 °C	80–100 %	20–25	
Baguette	Rost	190–200 °C	0–80 %	10–15	
Biskuitboden, hoch (6 Eier)	Springform	150 °C	0 %	45	
Biskuitboden, flach (2 Eier)	ungelocht	190–210 °C	0–30 %	8–10	z. B. für Biskuitrolle
Blätterteig-Kleingebäck	ungelocht	190–210 °C	80–100 %	10–18	z. B. mit Mohn, Marzipan oder pikant mit Schinken, Käse
Brioche, Brötchen	ungelocht	160 °C	0 %	8–12	
Brötchen (50–100 g)	ungelocht 1| 2|	150 °C 170–230 °C	100 % 30 %	10 25	Schritt 2: 170 °C für hell / 230 °C für dunkel
Brötchen, vorgebacken	Rost	150–170 °C	0 %	8–15	
Brot (0,5–1 kg)	ungelocht 1| 2|	150 °C 170–230 °C	100 % 30 %	10 25–45	Schritt 2: 170 °C für hell / 230 °C für dunkel Zu genauen Garpunktkontrolle den Kerntemperaturfühler nutzen (siehe Kapitel 'Kerntemperaturfühler'). Auf Rost auskühlen lassen.
Flachkuchen aus Rührteig	ungelocht	160–165 °C	0 %	35–40	
Gugelhupf (1 kg Mehl)	Gugelhupfform, Rost	160–175 °C	30 %	45–50	
Hefeblechkuchen	ungelocht	160–170 °C	0–60 %	30–45	Nutzen Sie bei Hefeblechkuchen mit feuchtem Belag (z.B. Zwetschgen- oder Zwiebelkuchen) 0 % und bei trockenem Belag (z. B. Streusel) 60 % Feuchte.
Hefezopf (500 g Mehl)	ungelocht	160–170 °C	30 %	25–35	Zu Beginn: einmal beschwaden
Muffins	Muffinsblech, Rost	170 °C	30 %	20–30	
Makronen	ungelocht	150–160 °C	0 %	15–20	
Plätzchen	ungelocht	150–165 °C	0 %	10–20	
Quiche, Wähe	Quicheform, Rost	190–210 °C	0 %	45–60	
Rührkuchen	Kasten/Springform, Rost	165–170 °C	0 %	50–75	
Small Cakes	ungelocht | Ebene 2	160 °C	0 %	25–30	Vorheizen nötig
	gelocht | Ebene 1 ungelocht | Ebene 3	150 °C	0 %	30–35	
Spritzgebäck	ungelocht | Ebene 2	140 °C	0 %	40	Vorheizen nötig
	gelocht | Ebene 1 ungelocht | Ebene 3	140 °C	0 %	40	
Tarte	Tarteform, Rost	190–200 °C	0–30 %	30–45	z. B. mit Äpfeln, Schokolade, Aprikosen, oder pikant mit Spargel, Zwiebeln, Käse
Wasserbiskuit	ungelocht	150 °C	0 %	40	Vorheizen nötig
Windbeutel, Eclairs	ungelocht	180–190 °C	0–30 %	40–45	

Entsaften

Lebensmittel	Garbehälter	Temperatur	Feuchte	Garzeit in Min.	Bemerkungen
Beerenobst	gelocht + ungelocht	100 °C	100 %	60–120	

Regenerieren

Lebensmittel	Garbehälter	Temperatur	Heizart	Garzeit in Min.	Bemerkungen
Baguette, Brötchen (gefroren)	Rost	140 °C	Regenerieren	10–15	
Baguette, Brötchen (vom Vortag)	Rost	180 °C	Regenerieren	4–7	
Braten, in Scheiben (150 g)	ungelocht	120 °C	Regenerieren	15–20	Fingerdicke Scheiben, nicht übereinander legen, für mehr Saftigkeit Sauce mit in den Garbehälter geben.
Gemüse	Teller, Rost	120 °C	Regenerieren	10–12	Vorheizen nicht nötig
Pizza	Rost	180 °C	Regenerieren	8–10	z. B. Nudeln, geviertelte Kartoffeln, Reis; nicht geeignet sind gebackene oder frittierte Speisen wie Pommes Frites oder Kroketten.
Stärkebeilagen	Teller, Rost	120 °C	Regenerieren	8–12	
Tellergerichte	Teller, Rost	120 °C	Regenerieren	15–20	

Auftauen

Lebensmittel	Garbehälter	Temperatur	Heizart	Garzeit in Min.	Bemerkungen
Beerenobst (300 g)	gelocht	45–50 °C	auftauen	6–8	
Braten (1–1,5 kg)	gelocht	45–50 °C	auftauen	90–120	
Fischfilet (150 g)	gelocht	45–50 °C	auftauen	15–20	
Gemüse (400 g)	gelocht	45–50 °C	auftauen	10–12	
Gulasch (600 g)	gelocht	45–50 °C	auftauen	40–55	
Hähnchen (1 kg)	gelocht	45–50 °C	auftauen	60–70	
Hähnchenschenkel (400 g)	gelocht	45–50 °C	auftauen	40–50	

Joghurt

Lebensmittel	Garbehälter	Temperatur	Feuchte	Garzeit in Min.	Bemerkungen
Joghurtansatz	gelocht	45 °C	100 %	300	Rezepttipp: Joghurtansatz mit Fruchtpüree, Marmelade, Honig, Vanille oder Schokolade aromatisieren.

Sonstiges

Lebensmittel	Garbehälter	Temperatur	Feuchte	Garzeit in Min.	Bemerkungen
Desinfizieren	Rost	100 °C	100 %	20–25	
Dörren	gelocht	80–100 °C	0 %	180–300	z. B. Tomate, Pilze, Zucchini, Apfel, Birne, in dünnen Scheiben
Eier, Größe M (5 Stück)	gelocht	100 °C	100 %	12–19	
Eierstich (500 g)	Glasform, Rost	90 °C	100 %	25–30	
Grießnockerl	ungelocht	90–95 °C	100 %	12–15	
Lasagne	ungelocht	170–190 °C	30/60 %	40–55	
Soufflé	Souffléförmchen, Rost	180–200 °C	60 %	12–20	
Schokolade schmelzen	hitzebeständige Schüssel, Rost	60 °C	100 %	15–20	Mit hitzebeständiger Klarsichtfolie abdecken.

Impressum

GAGGENAU – Das Kochbuch
Der perfekte Gastgeber

Herausgeber
Ralf Frenzel

© 2019
Tre Torri Verlag GmbH, Wiesbaden
www.tretorri.de

Idee, Konzeption und Umsetzung
Tre Torri Verlag GmbH, Wiesbaden

Art Direktion und Gestaltung
Guido Bittner, Wiesbaden

Autoren
Kristine Bäder, Wiesbaden, Seiten 63–65, 82, 94, 142, 176, 212
Wolfgang Faßbender, Burscheid, Seiten 11–13, 15–19, 21–25, 33–35, 37–43, 45–47, 55–61, 67–69, 71–73, 75–77, 176
Susanne Grendel, Büttelborn, Seite 27–31, 49–53, 79–80

Fotografie
Thorsten kleine Holthaus, Düsseldorf, Foodfotografie Seiten 54, 82–249
Guido Bittner, Wiesbaden, Seiten 10/11, 14, 17, 20/21, 32/33, 36–43, 56–62, 78
FINE Das Weinmagazin, Seiten 66, 68, 74
Gaggenau Hausgeräte GmbH, München, Seiten 2/3, 6, 26, 29, 30/31, 44, 47, 48/49, 50/51, 52/53, 70, 78/79, 81, 250/251, 258/259

Reproduktion **Lorenz & Zeller**, Inning am Ammersee

Printed in Germany
ISBN 978-3-96033-042-4

Der Tre Torri Verlag bedankt sich für die freundliche Unterstützung bei:
Hering Berlin   heringberlin.com
Robbe & Berking   robbeberking.de
Asa Selection GmbH   asa-selection.com
Continenta GmbH   continenta.de

Weitere Bücher aus dem Tre Torri Verlag

AB NOVEMBER 2019!
Frenzels Weinschule Band 2
280 Seiten | zahlr. Farbfotos
28 × 29 cm | Hardcover
€ 69,90 (D) | € 71,90 (A)
ISBN: 978-3-96033-060-8

Frenzels Weinschule Band 1
280 Seiten | zahlr. Farbfotos
28 × 29 cm | Hardcover mit Lasercut
€ 69,90 (D) | € 71,90 (A)
ISBN: 978-3-96033-008-0

Haftungsausschluss
Die Inhalte dieses Buchs wurden von Herausgeber und Verlag sorgfältig erwogen und geprüft. Dennoch kann eine Garantie nicht übernommen werden. Die Haftung des Herausgebers bzw. des Verlags für Personen-, Sach- und Vermögensschäden ist ausgeschlossen. Für Überarbeitungen und Ergänzungen der vorliegenden Auflage besuchen Sie uns unter: www. tretorri.de.